Vermeer in Detail

Vermeer in Detail

细节中的艺术家

细节中的维米尔

Gary Schwartz

〔美〕加里·施瓦茨 著　毛茸茸 译

河北出版传媒集团

河北教育出版社

谨以此书纪念沃尔特·利特克

目　录

在阅读时，我们应该注意并品味细节……如果一个人带着先入为主的观念去读一本书，那么他从一开始就错了，而且将会在错误的道路上越走越远，无法真正读懂这本书……我们应该始终铭记，每件艺术品都创造了一个新世界。因此，在阅读时我们要做的第一件事，就是尽可能地走入这个新世界，将其看作一个全新的、跟我们已知世界鲜少联系的东西去接近它。只有充分了解了这个新世界，我们才能去探究它与其他世界、其他学科之间的联系。

—— 节选自弗拉基米尔·纳博科夫
《优秀的读者和优秀的作家》（*Good Readers and Good Writers*）

纳博科夫对于阅读文学作品所提出的忠告，同样适用于欣赏视觉艺术。《细节中的维米尔》所做的，正如纳博科夫所建议的，让读者尽可能详细地了解艺术家的世界。读者应该一边阅读此书，一边上网欣赏维米尔的画作，进而对书中提到的细节形成自己的见解。

引 言

在回顾弗里克美术馆举办的一场关于让－安东尼·华托（Jean-Antoine Watteau，1684—1721 年）画作的小型展览时，杰德·珀尔写道：

> 许多画家开始批判直白，他们努力让画作融入更为复杂的情感……皮耶罗·德拉·弗朗切斯卡、达·芬奇、乔尔乔涅、维米尔、华托、夏尔丹、柯罗、塞尚、布拉克、贾科梅蒂等人用各种各样的方式，不断加深画作的暧昧语义。他们并未采取虚无主义的方式，而是颇具建设性地，努力追求更加精细、感性、难以捉摸的画面效果。

这一看法把维米尔剥离出周遭环境，让人们以超越历史的宏大视角去看待他。他似乎是与那些意大利和法国画家一起，创作出了一批既令人迷惑又让人喜爱的杰作。对于今天的博物馆参观者和网民来说，这样的视角无可厚非，因为在新型的艺术欣赏模式下，全世界的艺术品都可以一股脑儿的同时呈现在他们面前。

相较于其他的荷兰同行，珀尔为普通观众打开了欣赏维米尔的窗口。其作品的意义，不应局限于图像学符号或画家有限的暗示——这无疑是维米尔的展览能吸引大量参观者的原因之一。我至今对 1995 年 11 月读到的一则消息惊叹不已，维米尔作品展开幕的前夜，人们在华盛顿国家美术馆门外彻夜排队，等待一睹大师的真迹。

这本书不是对维米尔的全面介绍。相反，它探究并放大了维米尔画作中的小细节，尽可能地令读者置身画家的眼睛与双手之间。然而，就像是将画家置于宏大叙事中有失偏颇一样，关注细节也会让我们不可避免地遇到矛盾。即便是在内涵已极其复杂的画作中，维米尔依然不断地加深着它的不确定性。他是否故意"批判直白"，我不得而知。但其画作精细、感性和难以捉摸的特点是极为突出的。

我没有在介绍中将维米尔与皮耶罗·德拉·弗朗切斯卡或塞尚进行比较，而是用更常规的方式去关注维米尔当时的生活环境，并充分利用英语和荷兰语专家的研究成果。专业研究和超越历史的视角并不互相排斥，读者都可以接受。如果你能听我的建议，使用这本书的同时借助网络，你就不会独自欣赏这些细节，而是跟一两个或更多的伙伴共同欣赏。我的研究中最有趣、最令人快乐的部分就在于跟朋友、同事的交流。大开本的版面设计更利于大家共同阅读和讨论。事实上，维米尔的画作被认为是人物风俗画的早期范例。在英语中，这个词一语双关，也有"谈资"的意思。从这一角度去欣赏他的作品，则别有一番乐趣。

感谢鲁迪昂出版社和彼得·鲁夫拉勒给我这个机会，让我从约翰内斯·维米尔的作品中挑选出 120 处细节，并对这些细节和它们所属的画作进行介绍。为了研究需要，我反复使用了海牙荷兰艺术史研究所（RKD）的线上线下资源。有些时候，收藏维米尔作品的博物馆的网络资源是必不可少的，而且我相信日后会变得更重要。随着对维米尔作品研究的深入，我借鉴了沃尔特·利特克（Walter Liedtke，1945—2015 年）的《维米尔：画作全集》（*Vermeer: The Complete Paintings*）一书，请教了波伊曼·范·布宁根博物馆（Museum Boijmans Van Beuningen）的工作人员亚历山德拉·加巴－范·东恩、露辛达·蒂默曼斯，以及闪光网（Changeant.nl）的埃尔斯·德·巴恩，还有保罗·贝吉恩、克拉斯·范·贝克尔、马丁·简·博克、比安卡·杜莫蒂埃、艾迪·斯卡夫马克、恩诺·伊德玛。

我所用资源中最重要的就是由画家、艺术史学家乔纳森·詹森（Jonathan Janson）建立的网站维米尔大全（Essential Vermeer）。这个了不起的网站将收集到的信息和图像资料进行了完美地整合、储存，堪称这类网站的典范。真希望每一位重要的画家都能有这样的数据资源库。另外一些我借鉴过的书籍和网站，都列在本书的第278页。在此，也向其他给予本书意见的伙伴表示感谢。

另外，我还要向我的太太洛基·施瓦茨表达最诚挚的感谢，她不仅是我人生道路上的伴侣，也是我在研究艺术和历史课题时的好伙伴，正是她将这本书翻译成了荷兰语。

谨以此书纪念我的老朋友沃尔特·利特克。在他担任纽约大都会艺术博物馆馆长期间，维米尔一直是他研究的中心，可以说贯穿了他的一生。他在维米尔研究中最伟大的两项成就，分别是《维米尔和代尔夫特学派》（*Vemeer and the Delft School*）的展览目录（2001年）和由鲁迪昂出版社出版的《维米尔：画作全集》（2001年）。如果他还活着，他才是《细节中的维米尔》一书最佳的作者人选。通过你面前的这本书，我也能以另一种方式与这位有四十多年交情的老友继续对话。

加里·施瓦茨

生　平

约翰内斯·维米尔的生平没有被载入史册，这是一个显而易见的事实。更让艺术史家们感到惊讶的是，在 19 世纪以前，他都没有出现在任何一种《荷兰画家生平》（*Lives of the Netherlandish Painters*）中。这使得我们无法在那些早期传记或逸闻之类的出版物中找到他的踪影。幸运的是，维米尔迎来了一位优秀的现代传记作家约翰·迈克尔·孟提亚斯（John Michael Montias）。这位经济学家后来成为代尔夫特和阿姆斯特丹美术的重要研究者。1989 年，孟提亚斯出版了一部权威著作《维米尔及其生活环境：一张社会历史的网》（*Vermeer and his Milieu: A Web of Social History*）。[另一部更容易读到的传记是安东尼·贝利（Anthony Bailey）2001 年出版的《代尔夫特纵览》（*A View of Delft*）。] 孟提亚斯的书中有一张列表，内含至少 454 个文献，其中只有约 40 个提到了维米尔的生平事迹。

那么，另外 416 个未提到约翰内斯·维米尔的文献又是什么呢？它们是维米尔置身的那张社会历史之网的蛛丝。我们在其中发现了一些有趣的故事。维米尔的外祖父巴尔塔萨·赫里茨（Balthasar Gerrits）是来自安特卫普的移民，他曾卷入可疑的财务纠纷以及与其子巴森（Balthen）私下经营造币厂伪造货币的案件。犯罪头目在 1620 年被斩首，巴尔塔萨因提供了证据而逃过一劫。巴森斯则通过诱奸狱卒的女儿并与之结婚离开了监狱。维米尔的父亲雷尼耶·简茨（Reynier Jansz，约 1591—1652 年）也曾受到这桩案件的牵连。雷尼耶个性多变，在选定"维米尔"作为自己的姓之前，他还曾以福斯（Vos）和范·德·明纳（Van der Minne）为姓。他干过多种营生，起初做纺织工人，后来买下了一间客栈经营艺术事业。孟提亚斯对雷尼耶

的性格多有褒扬，但对于维米尔的母亲迪娜·巴森斯（Digna Balthens，约 1595—1670 年）却提得很少。

雷尼耶·简茨和迪娜·巴森斯于 1615 年结婚。在他们的女儿吉特鲁伊（Geertruy）出生 12 年后，1632 年 10 月 31 日，维米尔出生。第一份文献带我们越过他的少年时代（我们对其所受教育和技能训练一无所知），直接讲到了他的婚姻。他与卡特琳娜·博尔内斯（Catharina Bolnes）于 1653 年 4 月 5 日在代尔夫特宣布结婚，4 月 20 日在斯希普勒伊登举行婚礼。维米尔在其父亲去世半年后结婚（其父于 1652 年 10 月过世），并不是偶然的。父亲过世后，维米尔或许感觉婚姻更加自由了。为什么这么说呢？这是因为他的家庭在政治上倾向于宗教改革派，而卡特琳娜和她那有钱又虔诚的母亲玛丽亚·廷斯（Maria Thins）则是天主教徒。玛丽亚出生在豪达一个富裕的天主教家庭，跟乌得勒支前主教关系深厚。从维米尔结婚起，卡特琳娜的家庭对他来说变得比自己的家庭更重要。玛丽亚接济女儿女婿多年，并为他们提供住房。她对绘画收藏颇有兴趣，挂有维米尔室内画的墙上有时会出现她的藏品。

荷兰共和国对天主教的镇压，以及与卡特琳娜暴力又凶恶的父亲雷尼耶·博尔内斯（Reynier Bolnes）的糟糕婚姻，让玛丽亚更加忠诚于她的信仰。经过慎重考虑，玛丽亚决定与丈夫分开，从卡特琳娜的出生地豪达搬到了代尔夫特。她在代尔夫特的房子位于老长堤，紧邻耶稣会车站，属于天主教社区帕彭角。玛丽亚理所当然地反对卡特琳娜与维米尔结婚，除非他也能皈依天主教。后来，两个年轻人的婚礼选在斯希普勒伊登举行便证实了这一点，因为斯希普勒伊登的天主教团体要比代尔夫特的自由一些。

玛丽亚和卡特琳娜的天主教信仰也成了维米尔的信仰，他和卡特琳娜的两个儿子分别起名为伊格内修斯（Ignatius）和弗朗西斯（Franciscus），以纪念耶稣会和方济各会的创始人。与耶稣会的关系在维米尔早年的职业生涯中十分重要，而他并不是特例。当时代尔夫特一位名叫艾萨克·范·德·迈（Isaac van der Mye，1602—1656 年）的耶稣会教士，就是一位专业的画家、诗人、音乐家和作曲家。维米尔创作过一幅名为《天主教信仰的寓言》（作品目录 33）的画作，要知道，在当时的荷兰基督教社会，这样的画作必须由信仰天主教的画家来画。

维米尔夫妇的居住环境无法给人带来更多想象。他们婚前及婚后的所有住所都毗邻代尔夫特的中心广场——格罗特市场，新教堂和市政厅都坐落在那里，生活范围十分有限。在二十三年的生活中，夫妻二人一共生了十五个孩子（其中四个不幸夭折），这使得他们无法离家很久。正如我们所知道的那样，在享受为人父母的愉悦的同时，接连出生的孩子，以及日益壮大的家庭逐渐给维米尔带来压力，并最终压垮了他。

在维米尔成为艺术家之前及其艺术生涯的早期，代尔夫特这座城市已是一个生机勃勃的艺术中心。我们通常会以画家的早期作品来判断他的风格特点来自哪位大师，但这个方法在维米尔这里无法奏效。文献中与维米尔联系在一起的名字，如卡尔·法布里蒂乌斯[1]、莱奥纳特·布拉梅尔[2]、彼得·德·霍赫[3]、亚伯拉罕·布鲁马特（Abraham Bloemaert，1566—1651 年，他是玛丽亚·廷斯的亲戚）等都曾被拿出来一一讨论，谨慎排除。尽管我对维米尔早期画作与代尔夫特著名画家克里斯蒂安·范·考温伯格（Christiaen van Couwenbergh，1604—1667 年）在题材、手法等方面的某种一致印象深刻，但依然没有可靠的证据让我们给出明确的答案。

根据文献记载，维米尔是代尔夫特两个组织的成员，这也表明他是一个值得信赖的市民。1653 年 12 月，他加入了圣路加协会。这没什么特别的，因为每个上进的画家都是这个协会的成员，他那画商父亲也属于这个协会。只不过，维米尔于 1662 至 1670 年间连做了两任会长。另一个组织——公民护卫队则更加独特。这个组织里都是精英，二十个成年男性市民中只有一个能获准加入。凭借这些，维米尔得以结识许多买家和赞助人。

其中，一位公民护卫队的同僚在维米尔的职业生涯中扮演了重要的角色，他就是彼得·克拉斯·范·瑞吉文（Pieter Claesz van Ruijven，1624—1674 年）。在瑞吉文和妻子玛丽亚·德·克纽特（Maria de Knuijt）留给女儿玛格达莱纳（Magdalena）的藏画中，有二十幅维米尔创作于 1656 至 1672 年间的作品。这一论断来自孟提亚斯，他认为 1696 年在阿姆斯特丹被拍卖的二十幅作品来自"维米尔二十一幅格外活泼明丽的晚期之作，代表了他的最佳水平"。这些画原本是玛格达莱纳的丈夫、代尔夫特出版人雅各布·狄修斯（Jacob Dissius）的财产。孟提亚斯在文中暗示，瑞吉文付钱给维米尔，以拥有对维米尔所有创作的优先否决权及自由使用权。毫无疑问，画家与这对夫妇的私人关系十分密切。1665 年，玛丽亚·德·克纽特给维米尔留下了五百荷兰盾的遗产；1670 年，瑞吉文在维米尔姐姐吉特鲁伊弥留之际担任她的遗嘱见证人。

在维米尔为世人所知的少量画作中，几乎一半属于瑞吉文，其余的也多被当地的有钱人收藏。（只有少量有记录的作品遗失，这表明几个世纪以来，维米尔的画作都被其所有者珍视。毕竟 17 世纪荷兰绘画的遗失率高得令人震惊。）从一些私人文件中我们得知，维米尔对当时自己在鉴赏家中的好名声十分欣喜。一个崇拜他的访客甚至称他为"著名画家"。

关于维米尔的性格，我们目前没有获取的资料要比已经掌握的线索更有价值。在伦勃朗的一生中，至少有二十五次被卷入跟官方、教会、同事、姻亲等的冲突中。而在有关维米尔的所有史料中毫无这样的记载。我的意思是，维米尔是一个和善又容易合作的人。

维米尔的特长是描绘时髦女人，她们总是置身于陈设完备的室内，有时还伴有女仆或男性仰慕者。这类主题的绘画在当时被称为"淑女画"（Juffertjes）。这个词意味着主角是个年轻女子，也带有一点霍莉·戈莱特利 [4] 式的奢华和风流意味。阿尔伯特·布兰克特（Albert Blankert）颇具说服力地将维米尔画作的主题跟 17 世纪早期的黄金一代联系起来，他引用了杰拉德·德·莱雷西（Gerard de Lairesse）在 1707 年出版的绘画论著中提到的、由诗人 W. V. H. 格鲁特（W. V. H. Groot）创作的一句短诗，说画家"轻易臣服于私欲 / 流连在女人之间 / 日复一日，什么也不画 / 除了女人，还是女人"。

维米尔没有那么糟糕，也没有任何迹象表明他描绘女性是出于画家创作欲之外的东西。可这句短诗的确将他擅长的艺术创作置于不那么严肃的境地。

在拮据的日子里，维米尔成功地出售作品，努力成为一名画商，但都未能使他的手头变得宽裕。1672

年，法国入侵荷兰共和国。生活必需品之外的昂贵物品停止交易，他挥舞画笔的生计受到了影响，这使得有妻子和十一个孩子要养活的维米尔孤立无援。维米尔死后，卡特琳娜伤心地证实，"在与法国漫长的毁灭性战争中，维米尔不仅无法卖出自己的画作，更无法卖出他代理的其他画家的作品。出于这个原因，再加上养活孩子的负担太重，他无计可施，陷入绝境，为之忧思，仿佛变得疯狂，一两天后便因病去世了"。1675 年 12 月 16 日，维米尔下葬。

在接下来的两个世纪里，维米尔的画作重新受到了尊重并具有可观的价值，即使是在它们并未归属于维米尔名下而仅被认为出自某位知名画家之手时也一样。不过，在法国作家、政治活动家和艺术爱好者艾蒂安 – 约瑟夫 – 泰奥菲勒·托雷（Etienne-Joseph-Théophile Thoré，1807—1869 年）出现以前，维米尔在艺术史上只能算是毁誉参半。托雷常以威廉·比尔热（Willem Bürger）的名字出版书籍，因此，人们也叫他托雷·比尔热（Thoré Bürger）。比尔热醉心于维米尔的艺术世界，并成功将他的艺术地位提升至如今的高度，使其成为世界艺术星空中一颗璀璨的明星。

作　品

　　该部分完整展示了本书所涉及的维米尔的绘画作品，并配有作品目录编号（与文中一致）和相关说明文字，作品按照时间顺序排列。

　　作品介绍包含以下内容：

　　——简短的描述性标题，大致的创作年份；

　　——当前收藏地；

　　——馆藏编号；

　　——艺术家签名；

　　——技法和以厘米为单位的作品尺寸，高度在前，宽度在后。

　　维米尔的画作年表还未完全建立。

　　本书所有画作的创作年代均来自沃尔特·利特克的《维米尔：画作全集》（*Vermeer:The Complete Paintings*, Ludion, Antwerp, 2011）。

1 《戴安娜和她的同伴》，约 1653—1654 年

Diana and her Companions

荷兰海牙，莫里茨皇家美术馆
馆藏编号：406
签名：JVMeer（V 和 M 连笔，如今依稀可辨）
布面油画，97.8cm×104.6cm

狩猎女神戴安娜的同伴正在为她洗脚。这本是个轻松惬意的瞬间，但知识渊博的读者一定会想起奥维德《变形记》（*Metamorphoses*）里戴安娜的谋杀行为。戴安娜是个假正经的处女，脾气暴躁。她杀害了看见她裸体的猎人亚克托安，还惩罚了失去贞操又怀孕的侍女卡利斯托。沃尔特·利特克判定，画面右侧手捂肚子站着的女子就是卡利斯托。

莫里茨皇家美术馆的参观者们经常会反复确认，画《戴安娜和她的同伴》的约翰内斯·维米尔跟同在这座美术馆的那幅《戴珍珠耳环的少女》（作品目录 23）的绘者是不是同一个人。这是因为维米尔那些充满诗意的女性形象具有很高的辨识度，我们很难相信他的绘画之路是从神话（如戴安娜的故事）、《圣经》故事（作品目录 2）、圣徒故

事（作品目录 3，仍有人表示怀疑）以及早期风俗画（作品目录 4—5）等如此传统的题材开始的。

这种情况并不奇怪，也不应被否定。维米尔在故乡代尔夫特开启绘画生涯的时候，只有受奥兰治王室青睐的艺术才能得到最高的重视。当地画家克里斯蒂安·范·考温伯格为附近的宫殿画了两幅关于戴安娜的画，就分别获得了六百和八百荷兰盾的惊人报酬。一个有追求的画家怎么可能不受到同乡经历的鼓舞？在这幅画中，我们看到了红色和黄色的初现以及占据主导地位的女性形象。这些元素始终被维米尔所钟爱，并一直沿用到其职业生涯的尽头。

细节见第 192—193 页

2 《基督在玛莎和玛丽家里》，约 1654—1655 年

Christ in the House of Martha and Mary

爱丁堡，苏格兰国家美术馆
馆藏编号：NG 1670
W.A. 科茨先生的儿子们为纪念他们的父亲，于 1927 年捐赠该画
签名：IVMeer（IVM 连笔）
布面油画，158.5cm×141.5cm

基督拜访玛丽和玛莎姐妹的故事《路加福音》10:38—42（Luke, 10:38—42）比听起来更加奇怪。玛丽坐在基督脚边聆听他讲道，把接待基督及其门徒的家务活全都交给了玛莎。玛莎很生气。当她请基督让玛丽帮忙时，基督却指责她道：

> 玛莎，玛莎，你为很多事思虑烦恼，但是不可或缺的事
> 只有一件，玛丽已经选好了她的福分，不应该被夺去。

这个主题通常被解读成一种寓言，它重视沉思胜于现实生活，通过对信徒的布道来宣扬天主教的优越性，让信徒进行超越新教准则的精神锤炼。对于一个刚皈依不久的画家来说，用这个题材来表达虔诚再合适不过了。作为维米尔现存尺寸最大的作品，《基督在玛莎和玛丽家里》极有可能是受代尔夫特天主教会委托而创作的。

然而，这样下定论未免有些轻率。在维米尔出生前三年，克里斯蒂安·范·考温伯格画了一幅同样主题、尺寸相近的画。这幅目前被收藏在南特美术馆的作品，跟维米尔的画作有着同样的庄严氛围、相近的人物形态和相似的色彩。不过，考温伯格并不是天主教徒。事实上，你也可以把这个故事解读成一种对新教信仰的认可。玛莎希望自己的出色劳动能得到上帝的肯定，这与天主教信仰——一个人可以通过善行获得救赎——是一致的。基督将脸转向玛莎，身体倾向玛丽，这可以被视作新教教义中通过信仰获得救赎的明证。这也给我们提供了一种新的思路：维米尔的这幅画是为新教徒所绘，而非那些天主教赞助人。

细节见第 72 页，第 96—97 页

3 《圣帕西迪斯》，1655 年（可能为维米尔所绘）

Saint Praxedis

东京，国立西洋美术馆，借自私人收藏

签名：VMeer 1655（VM 连笔，V 在 M 左侧底部下方）

布面油画，101.6cm×82.6cm

圣帕西迪斯来自公元 2 世纪罗马的一个贵族家庭。她是基督忠实的信徒，竭尽全力帮助那些因忠于信仰而受到迫害的基督徒，可是她的努力无济于事。当基督徒被杀害后，她照管他们的遗体，尤其是他们的鲜血。我们看到，画中的圣帕西迪斯用海绵浸满死者的血，再将血挤进一个装饰罐内。

这类题材的画作并非维米尔首创，佛罗伦萨画家菲利斯·菲彻勒利（Felice Ficherelli，1603—1660 年）就曾画过多个版本。此外，《圣帕西迪斯》还向我们展示了维米尔特殊的签名方式，该画中出现的"V"在"M"左下方的花押只用于 1655 年左右的创作。

这幅画看起来完全不像我们所熟知和喜爱的维米尔风格，因此很多艺术史家否认它出自维米尔之手。只有华盛顿国家美术馆荷兰及佛兰德斯绘画策展人亚瑟·惠洛克（Arthur Wheelock）坚称这是维米尔的作品。对此，丹麦优秀的文物保护专家约恩·瓦杜姆（Jørgen Wadum）从风格和技巧入手进行了有力的争辩。他掌管莫里茨皇家美术馆文物修复部多年，对维米尔的作品非常熟悉。

不过，画上留有维米尔的签名，这一问题仍需解释。约恩·瓦杜姆认为，签名位于被刮擦的颜料上，因而肯定是"伪造的"。但无论是瓦杜姆还是其他人，都无法说出究竟是什么人会在一幅佛罗伦萨式的画作上伪造一个维米尔的签名，这实在不合情理。毕竟，在 1969 年大都会艺术博物馆的一次展览上"V""M"连笔的签名公之于众之前，没有人会仅凭画面本身将该作与维米尔扯上关系。

如果像那些持否定态度的人所说，这幅画真与维米尔无关，它又怎么会如此巧妙地契合他的艺术发展历程呢？带着赞同而非怀疑之心来看这幅作品，我们会发现它具有许多与维米尔早期作品相似的特征，其中包括与天主教的联系、对意大利艺术的着迷、构图较大的人物以及大面积的色彩等。此外，这幅画与维米尔晚期的画作在主题上也有相似之处（详见本书第 152—153 页）。基于以上所有信息，我暂且将它纳入进来。

细节见第 139 页

4 《老鸨》，1656 年

The Procuress

德累斯顿，国家艺术收藏馆，古代大师画廊
馆藏编号：1335
签名：ivMeer 1656（ivM 连笔）
布面油画，143cm×130cm

荷兰美术中，这类题材粗俗的画作十分常见。去过意大利并为卡拉瓦乔深深着迷的乌得勒支画家们尤其喜欢绘制风华正茂的女孩们和她们的胸部。这使得一些学者猜测，维米尔早年或许也曾在乌得勒支受过训练。不过，代尔夫特也有一些画家绘制过同类作品，其中就包括克里斯蒂安·范·考温伯格。他去过意大利，笔下不乏与《老鸨》类似的情色创作。在其两幅描绘娼妓与嫖客的画中，考温伯格都让一个年轻男子直视我们，他们站立的位置跟维米尔画中嫖客的位置一样。因此，维米尔应该是熟知这类画的一般形式的。

德累斯顿古代大师画廊获得这件珍宝后，对其进行了仔细清洁，并于 2004 年为它举办了一场小型展览。画作上具有保护作用的漆面发黄得厉害，因此对它进行清洁非常必要。用古巴香脂反复修复后，虽然画面"焕然一新"，但也使最初绘制此作时所用的各种材料变得松散了。经检测，维米尔没有使用我们以为的传统油画颜料，而是在蓝色颜料里加入了蛋清，还在其他颜色中同时混入了蛋清和蛋黄。文物保护科学家认为，维米尔在该作中运用了"混合技术"，因此，将《老鸨》简单定义为"油画"是一种误导。毫无疑问，他在其他画作中一定也运用了这种"混合技术"。

细节见第 54 页，第 74 页，第 128 页，第 194—195 页，第 225 页，第 230—231 页

5 《睡着的女仆》，约 1656—1657 年

A Maid Asleep

纽约，大都会艺术博物馆

馆藏编号：14.40.611

1913 年本杰明・奥特曼的遗赠

签名：I・VMeer（V 和 M 连笔）

布面油画，87.6cm × 76.5cm

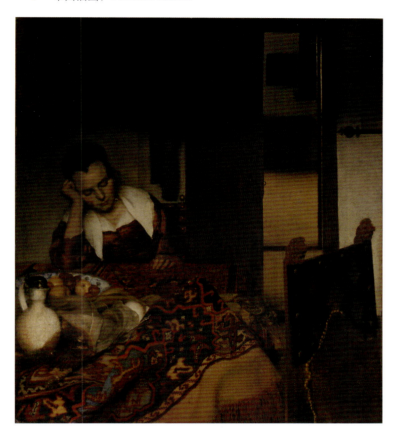

1696 年，这幅画在拍卖会上售出，当时被描述为"醉倒在桌边的女仆"。的确，这个睡着的女仆面前有一个几乎见底的葡萄酒杯。桌面拥挤而凌乱，水果碗微微倾斜，东方织毯和餐巾皱皱巴巴的，这些都与拍卖时的描述相符。

可是，桌上的另一样东西使得整个故事变得更为错综复杂。那是第二个葡萄酒杯，旁边还有一个带圆形把手的大酒杯。在这幅画的初创阶段，那个后来消失的饮酒者还在画中。那条通往空客厅的过道上，曾经有一个正在戴帽子的男子和一条狗。这暗示了女仆与男子之间的私情，女仆上方的那幅画也证明了这一点。尽管不太清晰，我们依然能够看出画中爱神丘比特下半身的影子。

维米尔用油彩盖住了男人与狗，将丘比特藏进阴影，令整个画面更加暧昧。跟过于直白的《老鸨》（作品目录 4）相比，《睡着的女仆》带有一抹神秘色彩，而这种不确定性恰恰是维米尔作品的典型特征。

细节见第 90—91 页，第 104 页

6《窗前读信的少女》，约 1657 年

Young Woman Reading a Letter at an Open Window

德累斯顿，国家艺术收藏馆，古代大师画廊
馆藏编号：1336
有签名的痕迹
布面油画，83cm × 64.5cm

这类主题的画作看起来是典型的维米尔风格。但令人惊讶的是，维米尔的所有作品中竟只有两幅是描绘读信女子的（另一幅见作品目录 18）。他绘制了多处细节，让整个场景更加明晰。通过 X 射线的检视，我们发现年轻女子上方的墙壁上有一幅画，画中的丘比特正向我们眨眼，透露出这封信是一封情书。然而，维米尔将其遮盖起来，让我们对读信女子的心情展开了无限遐想。桌上倒翻的水果也许暗示了她正在忍受巨大的煎熬。这个年轻女子跟《睡着的女仆》（作品目录 5）里睡着的女仆一样，并不在意屋子里的其他事。

维米尔在画面右侧边缘画下的浅绿色帷帘，调动起我们所有的洞察力。画面上方横杆的位置表明，帷帘并不是挂在女子所处的那个空间里的。它看起来是为了保护什么，就像画家有时会在珍贵的物件上覆上遮挡物一样。此类情形也常常出现在现实生活中。技艺精湛的画手狡猾地制造出一种错觉，创作出所谓的"错视画"(trompe l'oeil)，欺骗我们的眼睛。这种技巧维米尔只用了这一次。另外，他还用窗帘玩了套把戏。画面左侧的窗户打开着，皱起的红色窗帘搭在窗框上，因此我们在玻璃窗的前后都能看到它。

细节见第 119 页

7 《军官与面带微笑的女孩》，约 1657 年

Officer and a Laughing Young Woman

纽约，弗里克美术馆
馆藏编号：1911.1.127
布面油画，50.5cm × 46cm

背对我们的军官与手握酒杯微笑着的女子无疑是在逢场作戏地调情。男子没有摘下帽子，表明他是一位访客，而不是女子的丈夫。事实上，在维米尔的女性绘画中出现的任何一个男子，看上去都不像是丈夫。那么，这两个人是什么关系呢？有些人认为，女子摊开的左手是在诱惑军官召妓。另一些人的看法则截然相反，他们表示，"心怀邪念者可耻"，这是一段清白纯真之恋的开始。在对维米尔的研究中，这样的不同意见时常出现。

墙上那幅惹眼的地图都被双方拿来佐证自己的观点。那些认为女子是皮条客的人觉得，地图代表了她的世俗性。反对这一观点的人，则认为她与地图的关系恰恰相反。她是尼德兰的贞洁少女，是荷兰共和国的化身。

这一场景虽发生在私密的室内，但与外部世界有着丰富的关联性。除了地图和打开的窗户，男人的打扮和姿势也暗示出他只是在这里稍做停留。

细节见第 99 页，第 129 页，第 172—173 页，第 199 页

8 《厨妇》（旧名《倒牛奶的女仆》），约 1657—1658 年

The Kitchen Maid, called The Milkmaid

阿姆斯特丹，荷兰国家博物馆
馆藏编号：SK-A-2344
布面油画，45.5cm×41cm

在一间简陋的厨房里，一个穿着朴素的女仆一如往常地将牛奶从粗陶罐里倒进锅中。维米尔赋予了简单的主题一种庄重的气氛，令人过目不忘。

艺术史家哈里·兰德（Harry Rand）将场景里的各种元素互相联系，得出了一个既符合道德又具客观性的结论。他指出，整个房间里，只有木槽板里的暖脚炉能散发微弱的热量。出于烹饪的需要，尤其是用生鸡蛋做食物时，厨房里的温度不能太高，女仆只能用这类极小的加热设备保暖。

兰德接着猜测，锅中已有了蛋羹，桌上摆着女仆将要倒进锅中的碎面包，准备制作面包布丁。她将牛奶倒进这些混合物中，是为了让布丁在炉中烘烤时依然保持湿润。这是一个精细的操作过程，牛奶的量要恰到好处。因此，他把画中这个考虑周全又细致的厨房女仆视作审慎尽责的典范。

沃尔特·利特克对这一点提出了颠覆性的看法。他指出，暖脚炉并不是用来给房间加温的，而是女仆的私人物品，她们会将它置于裙子里面，用裙子罩住，取暖的同时也享受由此带来的性兴奋感。丘比特常被视为性行为的象征，维米尔将暖脚炉设置在画有丘比特的瓷砖旁，暗示这类行为对住家女仆来说非常普遍。

在这场辩论中，我更被兰德的观点所吸引。在我看来，这个女仆更像优美善良的朱诺，而非维米尔笔下那些试图成为维纳斯的形象。[5] 然而，兰德关于食物配方的说法却无法令人信服。如果连碎面包都考虑进去了，维米尔为什么会遗漏那些因做蛋羹而留下的破蛋壳呢？看起来这个女仆只是在做简单的面包布丁，准备就着烤锅边的那罐啤酒吃。

细节见第 83 页、第 102 页、第 187 页、第 196—197 页、第 213—214 页、第 219 页、第 248 页、第 260 页

9 《被中断的音乐》，约 1658—1659 年

Young Woman Interrupted at her Music

纽约，弗里克美术馆
馆藏编号：1901.1.125
布面油画，39.4cm × 44.5cm

正如维米尔许多画作的传统名称一样，这幅画的名称不能让人完全信服。如果画中的男子是女子的音乐导师，为何他没有给她一张谱子让她唱？鉴于画作目前的状况不佳，这个问题我们实在难以回答。由于过去人们对它粗暴的清洗，画作表面受到了磨损。很多东西都看不到了，比如两位主人公手中握着的那张纸上写了什么。

一男一女在一起作曲，这似乎是互相吸引的暗示，甚至是亲昵的前奏。墙上的画更加强了这番联想，画中裸体的丘比特手里握着一张纸牌。维米尔在其他两幅画作中也曾安插过这一形象（作品目录 5 及作品目录 34）。他是莱顿－安特卫普艺术家奥托·范·维恩（Otto van Veen，1556—1629 年）关于图像象征含义的著作中，爱的 124 个化身之一。维恩书中的各式图像都代表着不同的箴言，也有其解释性的诗歌。丘比特代表了对唯一伴侣的忠诚之爱。

根据这条线索，许多评论家认为这幅画描绘的是一场庄重的求爱场景。我对此有所怀疑。因为女子并没有热情地回应她的追求者，而是用引诱的目光（我这样认为）望向我们。她那一瞥让我们情不自禁地回望她，无可避免地对她产生主观上的回应。

细节见第 58 页，第 100 页

10 《年轻女子在男子陪伴下饮酒》（常称为《葡萄酒杯》），1658—1659 年

Young Woman Drinking Wine in the Company of a Man, known as *The Glass of Wine*

柏林，柏林国家博物馆，绘画陈列馆
馆藏编号：912C
布面油画，65cm × 77cm

人们很容易把这幅画当成《被中断的音乐》（作品目录 9）中那段邂逅的替代品。根据画面前部椅子上的西特琴和桌边的音乐书判断，画中的音乐学习同样已经完成或中断了。桌子后面穿披肩戴帽子的男子比其他画作中的男性更加年轻，站的位置更靠前。他注视着坐在桌边的年轻女子，她刚把酒喝完，男子手握酒壶，打算给她再斟一杯。我们难以抑制地想象，男人刚为她唱了首小夜曲，现在想把她灌醉。维米尔就是用这种方式让我们发挥想象力去解读画中的故事。

然而，微型戏剧式的场景限制了人们的想象。光线透过颜色鲜艳的彩色玻璃窗照进来，在布置完备的室内形成丰富的光影效果。墙上镀金框中的风景画为室内布景注入了自然的元素。

除了男主人公外，画面色彩斑斓：女人身上刺绣繁复的亮红色裙装，在蓝色地砖、椅背、窗帘的映衬下显得格外突出。这画就跟杯中的酒一样，一下冲昏了你的头脑。

细节见第 138 页，第 144 页，第 200 页，第 222 页，第 247 页

11 《年轻女子与两名男子饮酒》，约 1659—1660 年

Young Woman Drinking Wine in the Company of Two Men

不伦瑞克，安东·乌尔里希公爵博物馆
馆藏编号：GG316
签名：IVMeer（IV 连笔）
布面油画，78cm×67cm

画面前景中有一男一女，还有一个看起来正在开小差的同伴。他坐在角落里，手支着头，昏昏欲睡，对男子劝女士再饮一杯酒毫不在意。这幅画跟作品目录 9、目录 10 一样，描绘的是在居家场景中萌生的诱惑。维米尔并不是这类题材的开创者，1650 年代，彼得·德·霍赫也在代尔夫特创作过相似的画作。

我们在两位画家的作品中发现，他们对女性的描绘都带有某种暧昧。霍赫和维米尔的画作可谓表现荷兰社会的典范，也是家庭绘画或女性绘画的代表。荷兰与西班牙为期八十年的战争刚结束，霍赫就开创了一种新的绘画模式，也算是大势所趋。战争中，不少妙龄少女选择利用自身优势谋生，因此皮条客和军妓的形象开始频繁出现在荷兰绘画中，远远超过了主妇和母亲的形象。1648 年之后，社会风气开始有所变化，却没有彻底改变。从 1650 年起，无论是能让人觉察出的妓女还是普通女性，都出现在了霍赫的画中。

在这样的背景下，维米尔画中的大部分女性沿用了早先那种描绘妓女的画法。他往往会对她们的身份轻描淡写，低调处理，但这幅画并非如此。

细节见第 57 页、第 135 页、第 140—141 页、第 164—165 页

12 《代尔夫特屋景》（常称为《小街》），约 1659—1661 年

View of Houses in Delft, known as *Het Straatje* （*The Little Street*）

阿姆斯特丹，荷兰国家博物馆
馆藏编号：SK-A-2860
签名：I·VMeer（VM 连笔）
布面油画，54.3cm × 44cm

《小街》在维米尔的画作中十分突出。它看起来仿佛存在于另一个世界，跟弥漫着富裕奢华气息的精致室内全然不同。在这幅画中，我们来到街上，看着这些简朴的房屋和过道。它们比那些设备完善的房间（年轻女子在那儿接待追求者，给他们写信或阅读他们写来的信）更具有代尔夫特的特色。《小街》中的女性并不年轻，手中也满是辛苦的家务活。

街景与室内的相似之处在于，它们都给人以真实的印象，是描绘生活的画作。它让我们想要去寻找现实中的那条"小街"。以往的各种说法无一令人完全信服。直到 2015 年，阿姆斯特丹艺术史家弗朗斯·格里曾豪特（Frans Grijzenhout）的结论得到了大家的肯定。他查阅了 17 世纪代尔夫特房屋所有者支付房屋维修税的详细记录，发现只有两家弄堂房是相邻而建的，即弗拉明街 40 至 42 号，与维米尔画中的房屋相吻合。19 世纪，这些房屋被拆除，原址上建起了其他房子，不过人们依然可以找到它们的位置。

特别有趣的是，弗拉明街的房子属于维米尔父亲同父异母的姐姐亚里安特根·克莱斯·范·德·米妮（Ariaentgen Claes van der Minne）。隔着运河，画家的母亲和姐姐就住在这幢房子的斜对面。这所房子直接关系着画家的生活，让我们不禁更有理由猜测：其他的维米尔画作也同样比我们想象的更具个人意义。

细节见第 76—77 页，第 242 页，第 254—255 页，第 264—266 页，第 272 页，第 275 页

13 《代尔夫特风景》，约 1660—1663 年

View of Delft

荷兰海牙，莫里茨皇家美术馆
馆藏编号：92
签名：IVM（V 和 M 连笔，如今依稀可辨）
布面油画，96.5cm × 115.7cm

作为维米尔毕生创作中独一无二的风景画，《代尔夫特风景》在其诸多代表作中尤为突出。19 世纪法国艺术批评家托雷·比尔热在 19 世纪 60 年代以提升维米尔的知名度为己任。1866 年，他在《美术公报》(*Gazette des Beaux-Arts*) 上发表了一篇颇具代表性的文章，开头是这样的：

在海牙的博物馆，一幅超凡的风景画抓住了每一位访问者的眼球，也给艺术家和鉴赏家留下了深刻的印象。这是一座小镇的风景，画中有码头、老门房、各式建筑、围墙、树等景物，空旷的前景中站着几个人。

得益于托雷·比尔热的推崇，维米尔作为《代尔夫特风景》的作者为更多人所熟知。该画的空前声名令马里耶·威斯特曼（Mariët Westermann）在 2003 年写道："维米尔的《代尔夫特风景》描绘的可能是西方艺术中最令人难忘的城市风光。"

《代尔夫特风景》对真实环境的还原禁得起考证，这在维米尔的作品中绝无仅有。基于今天的观察（尽管太多东西已被损毁了），并借助于当时的地图、图纸、画作、印刷品和文献等材料，基斯·卡登巴赫（Kees Kaldenbach）和亚瑟·惠洛克（Arthur Wheelock）已经完成了考证工作，得出了惊人的结论。可以看出，在他们找到的准确位置上，相较于真实的景观，画作中的房屋比例及其位置关系被巧妙地改变了。显然，维米尔有足够的能力游走在绘画创作与严格的视觉观察之间。在这样一幅每个代尔夫特人都能看出明显偏差的风景画中，维米尔尚能自由发挥，那么在那些室内画中，他是否会将这种自由发挥得更淋漓尽致呢？

细节见第 78—79 页，第 250—251 页，第 253 页，第 258—259 页，第 267 页

14《拿水罐的年轻女子》，约 1662 年

Young Woman with a Water Pitcher

纽约，大都会艺术博物馆
馆藏编号：89.15.21
马昆德家族收藏，1889 年由亨利·G. 马昆德赠送
布面油画，45.7cm × 40.6cm

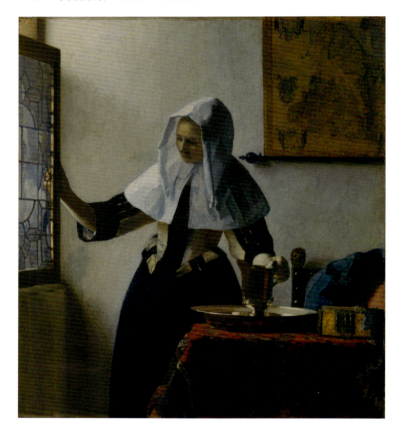

如果把这幅画当成楼上发生的场景，那么与之对应的楼下就是《厨妇》（作品目录 8），这种想法颇具启发性。两幅画都描绘了一个胸有成竹的女人，手拿罐子站在桌后。它们几乎一致的尺寸更加强了彼此间的联系。起初，《拿水罐的年轻女子》中墙上的地图一直延伸到女子背后，左边墙角低处有一把椅子。后来维米尔覆盖掉了这些，跟《厨妇》一样，人物的轮廓在白墙的映衬下更为突出。两幅画也因此更加接近。

在大都会艺术博物馆的这幅藏画中，女子的穿着和房间的环境都清楚地表明，她不是一个女仆，而是女主人。她的水罐和盆都是锡做的，而女仆倒牛奶的罐子是陶制的；楼上的桌子铺着东方织毯，而楼下的桌子铺的是普通的染色布；拿水罐的女主人把视线从家务移向了外面的世界，而厨房里的女仆正在按照房主的要求干活；女主人的周围都被窗外射进来的光线照亮，而楼下女仆身边的窗户是关着的，且一截窗格破损，厨房的左边部分落进了阴影里。

当然，这两幅画不可能互为补充。作为代尔夫特出版人和书商雅各布·狄修斯的财产，《厨妇》和另外二十幅画于 1696 年在阿姆斯特丹的拍卖中被售出。据猜测，那些画曾是狄修斯岳父彼得·克拉斯·范·瑞吉文的收藏。而《拿水罐的年轻女子》直到 1877 年才被发现，在拍卖中被当成画家加布里尔·梅特苏（Gabriel Metsu，1629—1667 年）之作。尽管如此，二者的比较展现出了维米尔在细节处理上的多样手法。维米尔大约一半的画作都会被这样分组讨论，经常是一幅在瑞吉文的收藏中，另一幅在其他地方。

细节见第 106—107 页，第 227 页

15 《弹鲁特琴的年轻女子》，约 1662—1663 年

Young Woman with a Lute

纽约，大都会艺术博物馆
馆藏编号：25.110.24
1900 年柯林斯·P. 亨廷顿的遗赠
布面油画，51.4cm × 45.7cm

画作表面已严重磨损，所以任何关于其面貌的评论都应持保留态度。不过，我们可以确信，画作左下角的阴暗与女子身上明亮光线形成的对比，是画家故意为之。椅子上突出的狮子头说明了这一点，它被女子所沐浴着的光线衬托得如此鲜明。当我们想到这里时，画中主要的母题散发出了独特的魅力。女子把琴栓放在鲁特琴上，说明她正在调音。稍后她一定会近距离聆听琴音，还会掉转头、换个方向侧耳倾听，这令她的姿态充满张力。知道了这些后，我们似乎又能在她脸上看到专注的神情。

维米尔最喜欢的三种女性装饰物第一次全部出现在画中——珍珠项链、大耳环和皮毛外套。值得注意的是，维米尔一边强制性地改变着女模特的发型、头饰，一边又一次次地让这些道具重复出现。沃尔特·利特克评价后两种道具时说："这位女士看上去穿着镶边的貂皮外套，戴着巨大的珍珠耳环，但两者都是用便宜的材料仿制的（比如兔毛或玻璃）。基于对'珍珠'的合理质疑，这种令人幻灭的观察结果已经得到了证实（见第 120—121 页），荷兰人的家庭存货中没有任何貂皮制作的东西。"但这并不妨碍斑纹外套未来会带着某种骄傲，以更显著的方式跟珍珠项链和大耳环组合在一起反复出现在之后的三幅画（见作品目录 19、21、22）中。

16 《站在小键琴旁的女子和一名男子》（旧名《音乐课》），约 1662—1663 年

Woman at a Virginal with a Man, called *The Music Lesson*

纽约，大都会艺术博物馆
英国王室收藏，伊丽莎白二世女王
馆藏编号：RCIN 405346
签名：IVMeer（IVM 连笔）
布面油画，74.1cm×64.6cm

　　在一个宽敞的空间里，女子弹奏的小键琴发出乐音，而男子张开的嘴巴告诉我们，他正在唱歌。男子是不是地上那把大提琴的演奏者，是否还有第三位演奏者从椅子上站起来离开了房间，这些都由观众去猜想。与早期的室内画相比，人物间的距离变大了，这使维米尔能够以更灵活的方式安排画中的元素。从地砖开始，我们就迷失在大理石的多样花纹和纵深延展中。接着，平铺在桌上的乌沙克织毯从每个方向看都有不同的颜色和纹样，令人眼花缭乱。它一部分在光线下，一部分在阴影中，从桌上垂下，在地上打了褶皱。

　　在谷歌艺术文化页面中，关于这幅画有一部迷人的电影。片中，女王的画作鉴定人德斯蒙德·肖－泰勒（Desmond Shawe-Taylor）指出，只有在画面的左边低处，眯起一只眼，才能欣赏到完整的透视效果。

从这个视角看，整个空间就像一只打开了的西洋镜盒子。沃尔特·利特克将这种效果与 1660 年代早期不少荷兰画家（不仅来自代尔夫特）进行的光学实验联系起来。这样的游戏带点挑逗意味，画家无法同时让所有欣赏者都看到逼真的效果，一次只有一位观众能体验到专属于他的视觉享受。

　　画中另外一个光学游戏是小键琴上方镜子中的影子。它不仅让我们看到了女子的脸，也看到了画家的画架。

细节见第 86—87 页，第 92—93 页，第 204—205 页，第 220—221 页，第 244 页，第 271 页

17 《女子站在大键琴和鲁特琴旁唱歌》（旧名《音乐会》），约 1663—1666 年

Woman Singing to the Accompaniment of Harpsichord and Lute, called *The Concert*

波士顿，伊莎贝拉嘉纳艺术博物馆（1990 年被盗）
馆藏编号：P21W27
布面油画，72.5cm × 64.7cm

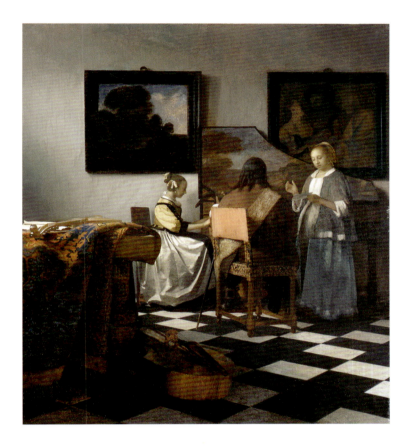

写到这幅画作，我十分痛心，它于 1990 年 3 月被盗，这是我们这个时代最臭名昭著的艺术品盗窃案。尽管如此，我们还是殷切地希望它和另外十二幅被偷走的画有一天能失而复得。但除了怀揣希望，我们也没有其他办法了。

虽然大提琴的演奏者消失了，但这依旧是维米尔所有作品中展示音乐表演场景最全面的一幅。也许大提琴与鲁特琴的演奏者是同一个人，而他在两种乐器之间来回转换演奏呢。站着的女子似乎在用手打着拍子，她的动作为整个场景注入了乐感。

将音乐演奏与绘画有力地结合在一起是这幅画的显著特征。其实，这在艺术和艺术理论中司空见惯，并非维米尔的原创。作为当时普遍使用的乐器，小键琴 [6] 被宁静的风景画装饰起来，传递出一种暗示：音乐在某种程度上自然得如同大自然本身。（不过我们要记住，尼德兰的大自然被修饰和规划得快没了。）

小键琴上方的风景画也透露了相似的讯息。而墙上右侧的画给图像学分析增添了新的可能性。它由乌得勒支画家德里克·范·巴卜仁（Dirck van Baburen，1594/1595—1624 年）创作，画的是老鸨在向一个握着金币、衣冠楚楚的男人兜售服务（详见第 160—161 页）。格外有趣的细节是，那个老鸨在弹鲁特琴！在我的解读中，它放大了《音乐会》要传递的信息，那就是：正如生命中的其他东西一样，音乐既能从道德上获得提升，同样也能被贬低。

荷兰的绘画诗给画家带来了挑战，他必须将场景或人物跟音乐结合起来。在这类诗中，最著名的就是约斯特·范·登·冯德尔（Joost van den Vondel，1587—1679 年）写于伦勃朗（Rembrandt，1606—1669 年）描绘门诺派传教士科尼利斯·克拉斯·安斯洛（Cornelis Claesz Anslo）画作上的诗歌。它既能被翻译成命令语气的"嘿，伦勃朗，画出科尼利斯的声音"，也能被翻译成肯定语气的"没错，伦勃朗，画出科尼利斯的声音"。画中的科尼利斯举起手，嘴巴微张，他的太太正凝神细听着他的话语。

维米尔《音乐会》中的女人也呈现出与科尼利斯相同的动作。她正对着一张歌谱唱歌，用手打着拍子。她的歌声只能留待想象了。如果像人们揣测的那样，这位女模特就是维米尔的太太卡特琳娜，我们就可以对他说："嘿，约翰内斯，画出卡特琳娜的声音。"

18 《读信的蓝衣女子》，约 1663—1664 年

Woman in Blue Reading a Letter

阿姆斯特丹，荷兰国家博物馆
馆藏编号：SK-C-251
布面油画，46.5cm × 39cm

《读信的蓝衣女子》浅显又简单，这使得所有对画作主题的分析都能迅速展开，或立刻坠入纯粹的臆想中。这幅画的别名为"蓝衣女子"，它为我们提供了一个更具体的欣赏思路——蓝色。画中女子所穿的缎面短上衣用昂贵的蓝色颜料绘就，与她背后的墙壁及靠在墙上椅子的颜色非常协调。这种蓝色颜料由青金石制成，由威尼斯人从巴达克山（Badakhshan，如今分踞阿富汗和塔吉克斯坦）进口。他们管它叫海外的蓝色，即群青。获得这种颜料需要付出巨大的努力和高昂的费用，因为它不仅好看，而且在图像学上具有特定的功能。它是画家描绘圣母玛利亚长袍时首选的颜色，可令画面产生纯净的超自然的理想化的效果。

在维米尔所住的代尔夫特，蓝色作为一种家庭中常用的颜色，焕发出别样的光彩。荷兰房屋大部分墙壁的瓷砖都是蓝色的——荷兰人很喜欢中国瓷器，却又无法复制，只好仿造出氧化钴。质量最好的瓷砖就来自代尔夫特，在那里，蓝白瓷器业蓬勃发展。无论是由于心理上的共鸣，还是由于一种约定俗成，我们常把蓝色与纯洁联系在一起。这吸引着我们去欣赏那读信的蓝衣女子：她穿着日常的衣服，梳着日常的发型，全神贯注地读着手中的信，善良又真挚。

为了澄清一个广为传播的误解，我必须对画中的一个问题作出说明：女人的衣着并不表明她怀有身孕。服装历史学家玛丽克·德·温克尔（Marieke de Winkel）经过鉴定后得出结论：女子身上穿的是睡衣，即一种在床上穿的松垮衣服。

细节见第 71 页，第 84 页，第 143 页

19 《戴珍珠项链的女子》，约 1663—1664 年

Woman with a Pearl Necklace

柏林，柏林国家博物馆，绘画陈列馆
馆藏编号：912B
签名：IVMeer（IVM 连笔）
布面油画，56.1cm×47.4cm

正如我们需要去证实《读信的蓝衣女子》（作品目录 18）中的蓝色与某种高尚品德有关，这幅画中女子的黄衣也一定与她完全沉浸在某种骄傲自满的情绪中有关。她对着窗边近乎隐藏的镜子，欣赏着自己和珍珠项链，以及那条黄丝带。尽管这个场景的氛围没有谴责的意味，但照镜子的行为作为一种自满的象征，从那喀索斯（Narcissus）故事的流传开始，就一直与黄色相联系 [7]。我们在雅各布·狄修斯的销售目录（1696 年）上能看到关于这幅画的描述，其中也暗含着不少对顾影自怜的反感：一名年轻女子欣赏着自己的样子（把自己打扮得像个娃娃），非常漂亮。桌上奢华的刷子和梳子，以及左侧精致的中国花瓶也暗示了一种放纵的自我享乐。

画中空无一物的背景墙，通过放射自显影技术的核射线扫描，露出了全然不同的样貌。原来的绘画痕迹展现在我们眼前：一架乐器抵着前景中的椅子；凌乱的衣服散落在地上，盖住了桌子的一部分。令人震惊的是，墙上原来有一幅像《绘画的寓言》（*Allegory of the Art of Painting*，作品目录 25）里一样的大地图。如今完全被墙面烘托、占据画面中心的女子侧影原本被一大片地图的细节所环绕，一直延伸到她的腰部。显然，这幅画经历了结构上和图像上的彻底改造。

维米尔将他所有的注意力都集中在了女性主题的创作上，本该属于"淑女画"的小女人装饰却很少出现。他的私人物品中包含"一幅囊括所有女性物品的绘画"，但不是出自他本人之手。戴珍珠项链的女子面前的桌子上，摆放着散粉刷和细齿象牙梳子。这些女士用品显然不全，只是一小部分。这个阶层里心怀虚荣的女性不可或缺的乳液或面霜的瓶瓶罐罐、角状化妆器、丝绸包、银盒子都去哪儿了呢？

细节见第 114—115 页

20 《手持天平的女子》，约 1663—1664 年

Woman Holding a Balance

华盛顿，华盛顿国家美术馆
馆藏编号：1942.9.97
怀德纳（Widener）收藏
布面油画，39.7cm×35.5cm

在维米尔的所有画作中，《手持天平的女子》是人物动作与画中画关联最明显的一幅。在早期的《基督在玛莎和玛丽家里》（作品目录 2）之后，作为一个以世俗画闻名的画家，维米尔在《手持天平的女子》中另辟蹊径表现宗教题材。女子身后的墙上挂着一幅画，围绕在她身旁的画面表现了基督信仰的中心主题：末日审判。末日来临，基督要让行善之人永升天堂，而作恶之人要下地狱。审判要通过衡量才能完成。于是，画面前景中一个穿蓝色短皮袄的女子正手持天平。

直白吗？某种程度上是的。不过，如果关联如此明显，那维米尔就不是维米尔了。研究维米尔的专家亚瑟·惠洛克是个性格积极的人，他看出"它表现了一个人本质上的宁静，她理解末日审判的要义，想方设法节制自己的生活，以便获得救赎"。

经常与惠洛克唇枪舌剑的沃尔特·利特克对这种解读表示怀疑："一个人要全神贯注于某样东西，看起来是颇具难度的。"的确，桌上凌乱摆放着金子、珍珠；如果我没有弄错的话，还有《戴珍珠项链的女子》（作品目录 19）里那位虚荣女士的浅黄色带子。

不过，如果维米尔给人们带来的那令人情不自禁的、着迷的乐趣只是建立在对图像学谜题的正确解读上，那么维米尔也就不是维米尔了。

细节见第 108—109 页，第 157 页，第 188—189 页

21 《写信的黄衣女子》，约 1665—1667 年

Woman in Yellow Writing

华盛顿，华盛顿国家美术馆
馆藏编号：1962.10.1
哈利·沃尔德伦·哈弗梅耶和小贺拉斯·哈弗梅耶的赠礼，以纪念他们的父亲贺拉斯·哈弗梅耶
签名：IVMeer（IVM 连笔）
布面油画，45cm×39.9cm

在维米尔画《写信的黄衣女子》前几年，伦勃朗·范·莱因 (Rembrandt van Rijn) 在距离代尔夫特半天路程的地方创作了一幅群像画《布商行会的理事们》（*The Syndics*）。画面中，五位阿姆斯特丹布商行会的理事和一位行会管理员或坐或站，除了其中一个理事外，所有人的眼睛都望向观众。前面两人摊开了一本印着服装样例的册子，在抬眼之前，他们似乎正在翻阅它。荷兰国家博物馆的参观者们每每伫立于这幅画前，都会议论起画作给人带来的种种感受。不管你站在展厅的哪个位置，画中坐着的人似乎总是直直地盯着你。人们倾向于将它归功于伦勃朗的非凡技艺，但实际上，这只是人们观看时眼睛产生的视错觉，无论画家技术如何，这样的效果都会产生。

《写信的黄衣女子》与《布商行会的理事们》有着相似之处，它们都对观众的心理产生了直接的影响，令其与画中的人物有了几分不安的对峙。在大多数肖像画中，坐着的画中人物会直视观众。只有当画中的模特明显在做其他事情时，你才会感觉到自己对他们很重要，因为你的出现打扰了他们。伦勃朗画中的人们露出了略微受到打搅的表情，而维米尔画中的女子则更为好客，唇边泛起一抹淡淡的笑。因此，欣赏者也成了这幅画不可缺少的一部分。

细节见第 60—61 页，第 111 页

22 《女主人和女佣》，约 1666—1667 年

Mistress and Maid

纽约，弗里克美术馆
馆藏编号：1919.1.126
布面油画，90.2cm × 78.7cm

　　"写信和收信的主题，经常出现在维米尔的画作中。画家捕捉到的两位女性正处于某个神秘的危险时刻，赋予了这幅作品特殊的戏剧张力。"从弗里克美术馆的叙述中可以看出，维米尔巧妙地暗示出画面之外还另有一番天地，这一点成功吸引了观众的注意。不过，这幅画缺少一些细节的交代，空间无法界定，后墙也是毫无特色的深褐色，这在维米尔的作品中绝无仅有。我们只能依据两个人物的动作来对她们进行揣测。

　　可以明确的一点是，女佣的动作是坚决的，而女主人却有些犹豫。她写信的手松弛地放在桌上，另一只手则抚摩着下巴，头部微微倾斜，

嘴角下垂，好像说着什么。极有可能的是，她收到的那封信正是来自她写信的对象，这使她怀疑自己刚写的内容还是否合宜。那么，我们要问了：为什么她不从女佣手中接过来信呢？这是一个谜。

　　这幅画一个形式上的特点吸引了我：女主人的轮廓在背景中显得尤为突出，而女佣与她周围的暗色融为一体。这与她们的肢体语言恰恰相反，使我们不由得怀疑是画家为了加强"特殊的戏剧张力"而故意为之。

细节见第 64—65 页，第 116—117 页，第 137 页

23 《戴珍珠耳环的少女》，约 1665—1667 年

Girl with a Pearl Earring

荷兰海牙，莫里茨皇家美术馆
馆藏编号：670
签名：IVMeer（IVM 连笔）
布面油画，44.5cm×39cm

1999 年，特蕾西·雪佛兰（Tracy Chevalier）出版了关于维米尔的历史传奇小说《戴珍珠耳环的少女》，令与之同名的画作也受到广泛关注。2003 年，这部作品被搬上大银幕，迷人的斯嘉丽·约翰逊（Scarlett Johansson）出演这位少女，使得画作的影响力再度扩大。书和电影总令人们产生特殊的幻想，任何多欣赏一会儿这幅画的人都会不由自主地产生遐想：当画家在绘制这幅画作时，当他与这位迷人的少女共呼吸时，是否能抵挡住她的魅力呢？碰巧，在此前的一年中，雪佛兰出版了三部同样充满幻想的历史传奇小说。在这四本书里，那位吸引着画家的模特，都传递出同样压抑的心情："画家望着我，仿佛并没有看见我，

而是看着其他人或其他东西，好像在看一幅画一样。我想，他是看着落在我脸上的光线，而不是看着我的脸。"（特蕾西·雪佛兰书中第 180 页）

雪佛兰对画家观察视角的解读并不准确。维米尔当然关注着光线，但他同样也在观察和考虑着人物的姿态以及他们彼此间的互动。在关于画室创作生活的记载中，有许多画家对模特产生欲望的逸事，有时甚至强烈到无法抑制。不过，在关于维米尔的记录中，没有任何证据表明曾经发生过这样的情况。

细节见第 53 页，第 120 页，第 268 页

24 《年轻女子的肖像》，约 1665—1667 年

Study of a Young Woman

纽约，大都会艺术博物馆
馆藏编号：1979.396.1
为纪念小西奥多·卢梭，1979 年由查尔斯·赖茨曼夫妇捐赠
签名：IVMeer（IVM 连笔）
布面油画，44.5cm × 40cm

当维米尔的 21 幅画于 1696 年在阿姆斯特丹被拍卖时，其中有且仅有两幅在画作目录上作为补充作品出现。它们是"真人肖像画"（tronies），即脸部的特写而非传统肖像，描绘对象必定是年轻女子，因为维米尔只画年轻女子。现存最接近这种描述的两幅画分别是《戴珍珠耳环的少女》（作品目录 23）和藏于纽约大都会艺术博物馆的《年轻女子的肖像》。它们的高度相同，宽度几乎一样。将两幅画作放在一起时，我们不禁会怀疑它们原本就是一对。画中女子的表情、姿势、头饰是如此相似，就连转头的方向都一样，因此她们不像我们所期待的那样能够相互解读。为判断这两幅是否就是拍卖目录上的"真人肖像画"而带来额外困难的是，维米尔的遗产清单（1676 年）中有"两幅土耳其风格的真人肖像画"，它们也很有可能就是《戴珍珠耳环的少女》和《年轻女子的肖像》。

维米尔文献最重要的解析者迈克尔·孟提亚斯的观点令这一讨论更为复杂。他写道，大都会艺术博物馆收藏着的这位"下巴突出、眼距甚宽的女子"是维米尔"绝无仅有的肖像画"。他倾向于将这幅画看作画家最大的孩子玛丽亚（约 1654—1713 年后）的肖像，并接受了阿尔伯特·布兰克特的说法，认为这幅画创作于更晚一些的 1672—1674 年，此时的玛丽亚 20 岁左右，与画中人物的年龄更加接近。而沃尔特·利特克循着维米尔遗孀的暗示，认为维米尔在 1672 年后已无法创作，更不可能有在此年份之后的画作。亲爱的读者，正如我们所看到的那样，每一个维米尔的解析者都各行其是。

细节见第 269 页

25 《绘画的寓言》，约 1666—1668 年

Allegory of the Art of Painting

维也纳，维也纳艺术史博物馆
馆藏编号：GG·9128
签名：I Ver-Meer
布面油画，120cm×100cm

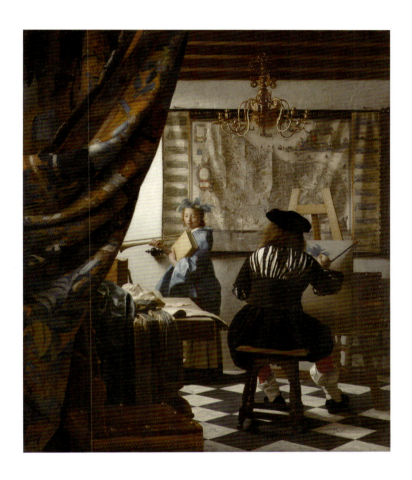

在维米尔的画作中，如果说《戴珍珠耳环的少女》（作品目录 23）是最受大众喜爱的一幅，那么《绘画的寓言》则是最受艺术史家青睐的作品。艺术史家钟爱体现自省的作品，即关于艺术的艺术。现在就让我们走进画家的画室，越过他的肩膀望向他的画布，进而探究其创作的主题。我们心怀期待，似乎所有关于维米尔的问题现在都能得到解答，其内心深处的想法及那些想法背后的深意都能被获知。

他会吗？他不会。画中最真实的生活细节就是墙上的地图和屋顶的横梁，同另外两幅室内画（作品目录 16 及更为明显的另一个寓言——作品目录 33）中的一样向右倾斜。画面中的房间也远不像一般画家的画室那样凌乱不堪。而且，没有一位荷兰画家会穿着如此时髦昂贵的衣服作画。

我们看到的，更像是一首绘画的赞歌——我们从背后看到了画家维米尔；它也是一首诗意的赞歌——看那戴着月桂树叶花冠的模特；同时，它还是一首历史的赞歌——女子抱在胸前的厚重书卷和背后的历史地图。她的小号正吹奏着优美的赞歌。

这幅画不仅仅是艺术史家们的最爱。自维米尔死后，它便一直为其所有者珍爱。无论是他那位以可疑理由获得财产的岳母，还是如今要求奥地利物归原主的切尔宁家族（Czernin family，画作的原所有者）都对它情有独钟。

细节见第 89 页，第 124 页，第 147 页，第 176—177 页，第 208 页，第 238 页

26 《戴红帽的女孩》，约 1665—1667 年

Girl with a Red Hat

华盛顿，华盛顿国家美术馆
馆藏编号：1937.1.53
安德鲁·W. 梅隆收藏
签名：IVM（连笔）
木板油画，22.8cm×18cm

《戴红帽的女孩》和《持长笛的女孩》这两幅不同寻常的作品，是维米尔作品中尺寸最小的两幅。机缘巧合，它们竟被收藏在了同一座美术馆中。除了相似的小尺寸，它们还有许多其他的共同点——有一些不太像维米尔的绘画特征。此外，它们并没有使用油画布，而是直接画在了木板上。而且，正如华盛顿国家美术馆的亚瑟·惠洛克所说："两个女孩都戴着具有异国情调的帽子，帽子在脸上投下了一大片阴影。两人都坐在有狮头扶手的椅子上，身体重心落在一只胳膊上。画面都以墙上的挂毯为背景，但只有部分清晰可见。然而，由于两幅画作的尺寸略微不同，它们不可能像外界断言的那样，被维米尔当作姐妹篇来构思创作。"对于《持长笛的女孩》，惠洛克写道："只能谨慎地将它归于约翰内斯·维米尔。"相反，他认为《戴红帽的女孩》出自维米尔无疑。

研究维米尔的先驱之一阿尔伯特·布兰克特的断言更为大胆。他提出绘制这两幅画作的画家"是法国人，创作时间可能是 18 世纪或 19 世纪。荷兰风俗画极少在法国被如此娴熟地模仿，尤其是在拿破仑三世（Napoleon Ⅲ）统治的时代"。通过 X 光扫描，人们发现《戴红帽的女孩》是在一幅未完成的、倒置的男性肖像画上创作的，这使布兰克特对自己的判断更加确信。因为维米尔被广泛认可的画作中，没有一幅是这样的。其绘画技巧也与维米尔常用的技法相距甚远。而且跟我们对维米尔的预期不同，此画的高光带有污迹，手法也不够稳妥。而《持长笛的女孩》中女孩的姿势也引发了另一个问题：椅子上的狮头扶手并没有什么特别，但女孩直接坦率的姿态和她与边线平行的身体，似乎是维米尔在"真人肖像画"中一直规避的。仔细观察两个女孩脸上的光线：以鼻梁为分界线，两侧的明暗对比强烈，都只有左脸颊的下部被照亮，这不像是维米尔的惯常做法。

27 《持长笛的女孩》，约 1665—1670 年

Girl with a Flute

华盛顿，华盛顿国家美术馆
馆藏编号：1942.9.98
怀德纳收藏
木板油画，20cm×17.8cm

关于《戴红帽的女孩》归属问题的另一个争论可见本书第 236—237 页。两幅画的背景十分奇怪，全然不像维米尔的画风。模特背后的画面被装饰性的挂毯所覆盖，但挂毯是在 19 世纪法国绘画中经常出现的道具，而非 17 世纪的荷兰绘画中。

另外一些研究维米尔的专家找到了用以否定布兰克特断言的证据。事实上，人们并没有找到确凿的证据以证明这两幅画不是维米尔所绘。但我必须说，一些支持画作属于维米尔的论据也非常牵强。伦勃朗的妻子萨斯基亚·范·优伦堡（Saskia van Uylenburgh）在伦勃朗为她画的肖像画中也戴着一顶相似的红色帽子。沃尔特·利特克以此为据，连同画家借鉴伦勃朗和提香（Titian，1488/1490—1576 年）的画法，认为《戴红帽的女孩》出自维米尔之手。这倒是令我看清了后来的模仿者比最初的创造者做得更多的是什么。

在判断这些对立的说法时，我倾向于使用一个方法论原则。那就是：在一组给出的样本中，如果某件东西与标准件相距甚远，那么它就应该接受额外严格的推敲，因为它很有可能根本不属于这组样本。从这个角度看，华盛顿国家美术馆收藏的这两幅女孩肖像不属于维米尔的可能性更大。

从某种程度上说，如果把这两幅迷人的画作从维米尔毕生心血中移除实在有些令人惋惜。两位女性活泼、生动、性感的形象，比维米尔其他"真人肖像画"更显神气（劳伦斯·高英 1972 年出版的那本受到高度赞扬的维米尔研究著作，护封用的就是《持长笛的女孩》）。不过，它们带来了一个有益的提醒：不是所有伟大的画作都出自著名的大师之手。它们也带来了一个警告：千万别把公认的观点和见解视为理所当然。

《戴红帽的女孩》细节见第 122—123 页，第 236—237 页

28 《天文学家》，1668 年

The Astronomer

巴黎，卢浮宫
馆藏编号：RF 1983.28
签名及日期：IVMeer（IVM 连笔）MDCLXVIII
布面油画，51.5cm×45.5cm

29 《地理学家》，1669 年

The Geographer

法兰克福，施泰德博物馆
馆藏编号：1149
签名及日期：IVMeer（IVM 连笔）与 I Ver-Meer MDCLXVIII
布面油画，51.6cm×45.4cm

在对绘画、诗歌和历史表达了敬意后《绘画的寓言》（作品目录25），维米尔又拥抱了天文与地理。仅有这一次，两幅主题和创作有所关联的画清楚地被认作姐妹篇。在完成后的一百年里，两幅画同属于一个家族。用罗马字母为画作标明创作时间，这在维米尔的所有作品中是独有的。作为两幅互相独立的画作，它们却共享了一个有趣的事实：《天文学家》里的天体仪与《地理学家》中的地球仪都是由约道库斯·洪第乌斯（Jodocus Hondius，1563—1612 年）在 1600 年绘制的。

画中地理学家的作用是为了阐述现实中荷兰人所面对的、极其重要的问题，即如何最平稳安全地从海上驶向全世界。因此，墙上的地图是一张欧洲航海图，地球仪转向印度洋，窗间悬挂的仪器是用来测量海上船只位置的直角仪。

天文学家的工作同样与这些问题相关。他身后墙上的画作表现的是法老的女儿在芦苇丛中发现婴儿摩西（Moses）的场景。这是航海的象征，它与神圣的历史相关联。天文学家面前摊开的书也说明了这一点。这本书已经被鉴定为是阿德里安·墨提乌斯（Adriaen Metius，1571—1635 年）1621 年出版的关于天文与地理的著作。

"天文学家翻开的这页告诉他，'正如历史所言，宇宙星际最早的观察者和探索者是我们的牧首先人'。墨提乌斯引用弗拉菲乌斯·约瑟夫（Flavius Josephus）的说法（见《犹太古代史》第一部第三章，*Antiquities of the Jews*1:3），赛特（Seth）的孩子们'创建了星座的科

学和关于上帝的知识。'"沃尔特·利特克这样说。

摩西"拥有了埃及人的所有智慧"（《使徒行传》第 7 章第 22 节，*Acts* 7:22），被荷兰的地图制图人视为祖师，称他是"最早的地图制作者"。

1729 年，《天文学家》和《地理学家》被描述为"两位占星家"一起出售。尽管占星学和天文学正逐渐分成两个领域，但将人类命运与星象联系在一起的观点依然没有（其实从来都没有）完全消除。我们也没有理由去假设，维米尔的专业研究者都是致力于对抗非科学和宗教信仰的理性主义者。

两幅画中，自然历史的魅力和知识的力量被充分展现，这引发了一种非常吸引人的推测：维米尔是受同乡和同龄人、显微镜学研究先驱安东尼·凡·列文虎克（Antoni van Leeuwenhoek，1632—1723 年）的委托绘作的。不过，并没有证据证明这一点。而且，画中的技术道具显得有些古老，没有一个严谨的研究者会研究半个世纪之前的地图和地球仪。

18 世纪(1713 年以后)另一份销售目录描述《天文学家》和《地理学家》时使用的"数学艺术家"一词，帮助我们将这两幅画归入了维米尔名下。根据那时的学科分类，天文学和地理学被纳入艺术大类。从这个角度看，就像《绘画的寓言》一样，无论在构思上还是实践中，我们都最好把它们当作维米尔对某种艺术形式的赞颂。

《天文学家》细节见第 131 页，第 180—181 页，第 229 页
《地理学家》细节见第 179 页，第 182—183 页，第 228 页，第 234—235 页

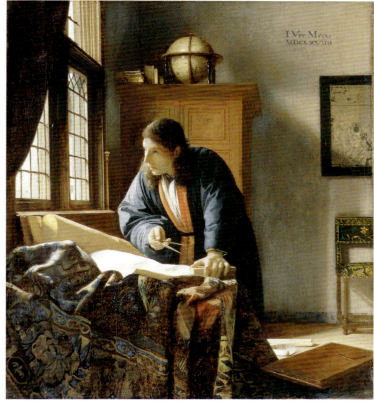

30 《织花边的少女》，约 1669—1670 年

The Lacemaker

巴黎，卢浮宫
馆藏编号：M.I.1448
签名：IVMeer（IVM 连笔）
布面油画，24cm × 21cm

跟《厨妇》（作品目录 8）一样，《织花边的少女》表现的也是人物全神贯注完成精细工作的场景。两者最大的不同在于，《厨妇》的主人公明确是一名家庭女佣，而《织花边的少女》的主人公则不是。在早期记载中，人们用上层阶级称呼年轻女子的"淑女"（juffertje）来指代她。当时对淑女的教养包括学习缝纫、刺绣和制作花边。

在网站维米尔大全上，乔纳森·詹森和阿德尔海德·雷希（Adelheid Rech）用科技的手段对绘画的细节进行了详尽的考察。我将他们的原话摘引在这里：

女孩将她的双手放在平滑、轻巧的蓝色花边枕头上……这种枕头用来制作短片的或条状的花边……固定在蓝色枕头上的褐色刺卡，我们只能看到其中一部分。……隐约可见，为了制作出想要的花纹，刺卡上扎满了小洞。女工手握着针，小心翼翼地穿过每个洞眼。前期的工作在当时非常耗费时间，现在也依然如此，这要求女工必须全神贯注，一旦出错，就要毁掉整件作品从头再来。

画中的线轴是十六七世纪常见的那种……它们总是成对使用，维米尔描绘得完全正确。鉴于女工才用到刺卡的上部，可见的线轴只有一小部分，可以推测她的工作才刚刚开始。维米尔用两条细如毛发的浅色线条将拉紧的线传神地描绘了出来。

31 《弹鲁特琴的女人》（旧名《情书》），约 1669—1670 年

Woman Playing a Lute, a Letter in her Hand, called *The Love Letter*

阿姆斯特丹，荷兰国家博物馆
馆藏编号：SK-A-1595
签名：IVMeer（IVM 连笔）
布面油画，44cm×38cm

为了表现这一场景，维米尔运用了大量强有力的视觉设备，这对他来说非同寻常。这是画家从一个空间瞥向另一个空间时看到的情景。这种取景方式让我们和画中的主角保持一定的距离，并暗示有趣的事正在发生。悬垂在门口右侧的窗帘放大了这一效果，增加了画面的戏剧性，仿佛我们获得准许，得以窥探一个私人领域。

同时，画中的一些细节处理也对我们产生着影响。门上倚着的扫帚和地上的拖鞋让我们好奇她们在那里做什么，而这两个物件恰恰起到了空间标记的作用。地砖的布局形成了一个通往女主人和女仆的"之"字形路线，引导观众的视线来到她们身边。然后我们会发现，她们被置于一个复杂的场景中，各式各样的象征和生活元素纷纷出现，如墙上的画、金红凸纹织锦的靠背，以及由令人眼花缭乱的石头、木头和砖块砌成的带有古典柱式的壁炉等。

我们现在明确知道，该画的情节是向穿着毛皮外套、弹鲁特琴的女人送一封信，在许多维米尔同辈画家的作品中都出现过类似的场景。几乎无须推敲，墙上画中微澜的海面和宁静的风光所暗示的就是：女人陷入了一场爱情，她的心情随之起起伏伏。对于很多具有批判倾向的维米尔粉丝来说，他们热爱画家朴素的真人肖像画，认为这幅画有点复杂过头了。但是我不这么认为。如果维米尔打算全力炫耀他的编剧才华，我会为他鼓掌叫好！

细节见第 66—67 页，第 85 页

32 《写信的女人与女佣》，约 1670—1671 年

Woman Writing a Letter, with her Maid

都柏林，爱尔兰国家美术馆
馆藏编号：NGI.4535
签名：IVMeer（IVM 连笔）
布面油画，71.1cm×60.5cm

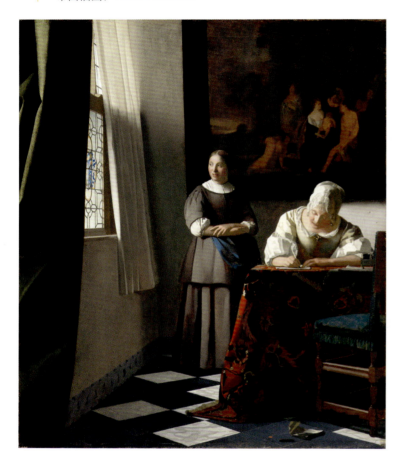

《写信的女人与女佣》为我们提供了一个极好的机会去观察维米尔对光影的运用。画面左上方，日光透过轻薄的窗帘落在墙上，柔和地扩散开来。过渡到墙壁的下方，光线被窗户遮挡，呈现出丰富的层次，不断变幻，一直延续到地面。

从没有窗帘的窗户泻入继而落在两个女人身上的光线，维米尔并未以上述方式描绘。光线的引入令画面更加平面化，却恰好突出了当地风格。女人背后半明半暗的墙壁，令她的轮廓显现出绝佳的效果。仔细观察后我们可以发现，维米尔用明亮的光线使坐着的女人右肩从黑暗的背景中凸显，而她的左肩在阴影中，与墙壁较为明亮的部分互相中和。仔细盯着她的手和手指看一看，维米尔画作中到处都是这样的微妙之处，你可以带着好奇心找到它们。

之前，我们在《天文学家》中提到《在芦苇丛中发现摩西》暗示的是荷兰人的航海事业。而在截然不同的环境里重遇这个题材，我们应该怎样去解读呢？也许它有着完全不同的含义：一个婴儿降临了，但母亲却无法养育他。这种解读可能更契合此画的主题。或许它就是女人写信的初衷，只是维米尔并没有明确地告诉我们。

细节见第 68—69 页，第 103 页，第 136 页，第 162—163 页，第 233 页，第 244 页

33 《天主教信仰的寓言》，约 1670—1672 年

Allegory of the Catholic Faith

纽约，大都会艺术博物馆
馆藏编号：32.100.18
弗雷德萨姆家族收藏，迈克尔·弗雷德萨姆 1931 年的遗赠
布面油画，114.3cm × 88.9cm

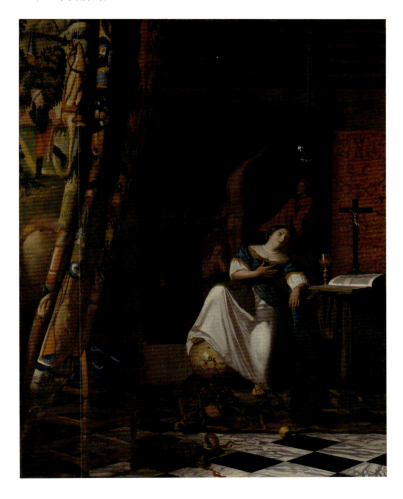

在《绘画的寓言》（作品目录 25）及类似艺术的天文学、地理学中赞美了自己的专业后，我们一点也不意外维米尔会用画笔去阐释他生命中最高的精神追求——他的信仰。维米尔以此改写了"信仰化身"的描绘方式，令人眼前一亮。他的图像依据来自著名的寓意画册——切萨雷·里帕（Cesare Ripa）的《图像学》（*Iconologia*，1593 年）荷兰译本（1644 年）：

> "信仰"被描绘成一个坐着的女人，她看起来非常专注，右手握着圣爵，左胳膊倚靠在房角石上，这就是基督。整个世界都在她的脚下。她穿着天蓝色的衣服，深红色的长袍。房角石下有一条被砸死的蛇，"死亡"和他残损的箭。旁边是一只苹果，那是罪恶之源。

维米尔重新安排了以上细节，调整了个别元素，但毫无疑问的是，他的图像均以里帕描述的寓言［这最初是由哥伦比亚大学荷兰史教授阿德里安·巴诺（Adriaan Barnouw）发现的，他已经被不公平地遗忘了］为基础。尽管里帕的象征被叫作"信仰"，但维米尔的画作聚集了弥撒的元素，把它称为"天主教信仰的寓言"更为合适。

《天主教信仰的寓言》使鉴赏家们对维米尔由爱生恨。它从根本上远离了之前鉴赏家们最为欣赏维米尔的特点，即"描绘"的理想和生活的真实。不过在 1699 年，这幅画作的价值为 400 荷兰盾，是三年前《代尔夫特风景》的两倍。显然，我们如今的品位并不总是昔日偏好的延续。

细节见第 125 页，第 150 页，第 152—153 页，第 184—185 页

34 《站在小键琴旁的年轻女子》，约 1670—1672 年

Young Woman Standing at a Virginal

伦敦，国家美术馆
馆藏编号：NG 1383
签名：IVMeer（IVM 连笔）
布面油画，51.7cm×45.2cm

一名女子在光线下，另一名女子在黑暗中。19 世纪 60 年代，狂热的维米尔"猎手"托雷·比尔热将这两位小键琴的演奏者一并带入人们的视野，又于 1892 年在其庄园里将两幅画分别卖给了不同的买家。英国国家美术馆在 1892 年购买了《站在小键琴旁的年轻女子》后，又于 1910 年通过接受遗赠获得了《坐在小键琴旁的年轻女子》，使这两幅画得以重聚。不过，它们在创作之初是否属于同一位所有者，依然充满争议。

这段历史和两幅画是否一起构思并以姐妹篇的形式绘作的问题，在维米尔研究专家中一直存有争论。从比尔热那个时代起，一些学者将它们看作一对；另一些人则把它们视为对同一主题的两次探索。明确不属于同系列的几幅画却表现同类主题的现象，在维米尔的其他作品中也能找到类似的例证。2000 年，沃尔特·利特克给这场论争带来了一个令人兴奋的转折。利特克坚决将这两幅画作为一组进行分析，认为它们表现了两种女性截然相反的气质，站在光线中的女子冷漠孤傲，坐在昏暗中弹琴的女子平易近人。

这一观点最为明显的论据就是画中画。《站在小键琴旁的年轻女子》中，手握一张纸牌的丘比特，来源于某种象征（跟作品目录 33 中信仰的化身一样）。1608 年在安特卫普的荷兰艺术家奥托·凡·维恩（Otto van Veen）出版了一部关于爱情象征的著作《爱的象征》（*Amorum emblemata*），书中的丘比特手握着类似纸牌的东西，代表着专一的爱情。他似乎在说，一个爱人已经足够。这是利特克从站着的女子身上获得的信息。而坐着的女子上方的那幅画则呈现出截然相反的论调。我们再次看到了德里克·凡·巴卜仁的《老鸨》（*Procuress*）。

35 《坐在小键琴旁的年轻女子》，约 1670—1672 年

Young Woman Seated at a Virginal

伦敦，国家美术馆
馆藏编号：NG 2568
1910 年萨尔丁（Salting）的遗赠
签名：IVMeer（IVM 连笔）
布面油画，51.5cm×45.5cm

对利特克来说，这是对弹琴者品德的反映，暗示了"一个小时换一个爱人，而不是一生只爱一个人"的想法。他认为，古大提琴的出现是"一种对浪漫二重奏的邀请"。1976 年，美国艺术史家克里斯汀·阿姆斯特朗（Christine Armstrong）从两名女子弹的小键琴琴盖上的风景画出发，提出了与利特克相似的观点。坐着的女子面前是一条通往自由与罪恶的宽阔大路，而站着的女子面对的是一条通往美德的陡峻之路。

利特克鉴于意义多样的丘比特而产生的有趣理论符合了一个原则，那就是，同一人或同一个图像，既能从善的角度解读，也能从恶的角度解读。这样的想法让我想起了之前谈到的伊莎贝拉嘉纳艺术博物馆的《音乐会》（作品目录 17）。凡·巴卜仁的《老鸨》出现在那幅画里，就像是对那场不一定罪恶的音乐派对做出的注脚。然而，我们必须意识到，这样的解读会无可挽回地令维米尔画作的含义变得更加复杂。而且沃尔特·利特克本人也怀疑，在他关于《被中断的音乐》（作品目录 9）的讨论中，女人头顶上手握纸牌的丘比特是否真的代表着婚姻的忠贞。他写道，也许这幅画还想表达另一种意思：爱情就是赌博。好吧，这就是维米尔研究的不确定性。

《站在小键琴旁的年轻女子》细节见第 62 页，第 158 页，第 166 页，第 169 页，第 216—217 页，第 244 页

《坐在小键琴旁的年轻女子》细节见第 134 页，第 154—155 页，第 160—161 页，第 206—207 页，第 262—263 页

36 《弹吉他的人》，约 1670—1672 年

The Guitar Player

伦敦，肯伍德别墅博物馆
馆藏编号：88028841
艾弗（Iveagh）遗赠
签名：IVMeer（IVM 连笔）
布面油画，51.4cm × 45cm

　　关于《弹吉他的人》，人们主要是从风格与质量两方面入手对其展开讨论的。长久以来，大家都感觉到维米尔在 1670 年之后的晚期画作中似乎丢失了那种微妙的质感。其形式上看起来更加艰涩，更糟糕的是，越发抽象了。这对维米尔的仰慕者来说是种灾难，因为他的艺术通常被视作直接视觉经验的产物，观众能够轻松欣赏。莫里茨皇家美术馆馆长 A.B. 德·弗里斯（A.B. de Vries，1905—1983 年）、画家及教师劳伦斯·高英（Lawrence Growing，1918—1991 年）分别于 1939 年和 1952 年在各自关于维米尔的著作中表明了态度：这幅画不值得评论。年长于他们的同仁 P.T.A. 斯维伦斯（P.T.A. Swillens，1890—1962 年）也对这幅画十分失望，并将它置于"令人怀疑的维米尔画作"之列。

　　尽管这类艺术批评家在艺术史上有一定的地位，但在研究早期大师的作品时，我个人及学界还是倾向于去学习他们的艺术，不该因作品没达到我们自己的标准而对其横加批评。无论维米尔晚期作品中的轮廓线何等坚实，那都代表着一段时期内他的审美取向。

　　这是维米尔最后一次将穿着斑纹皮毛外套的模特放进自己的画里，在这之前，相同的穿着曾出现在他的五幅作品中。这幅画和那五幅中的至少一幅曾同属于一个人——彼得·克拉斯·范·瑞吉文。那么，他会把它们挂在同一个房间里吗？

细节见第 155 页，第 202—203 页

37 《坐在小键琴旁的年轻女子》，约 1670—1672 年

Young Woman Seated at a Virginal

纽约，莱顿收藏
布面油画，24.7cm × 19.3cm

这幅画是《坐在小键琴旁的年轻女子》（作品目录 35）的微缩版，我的一些挚友曾对作者的身份提出过怀疑，这令我感到遗憾。该作品拥有维米尔 1670 年代作品的所有典型特征，就连画家用的画布看起来也跟《织花边的少女》的画布像同一块，而后者却从来无人质疑。正如许多批评家怀疑《弹吉他的人》的作者身份一样，研究者们太过倾向于将自己对优秀作品的标准强加在研究对象身上。不过，其他人后来加上去的黄色披肩确实影响了人们对这幅画的第一印象（正如《弹吉他的人》中的斑纹皮外套一样）。

2004 年，《坐在小键琴旁的年轻女子》作为维米尔的作品在苏富比拍卖会上被拍卖以前，人们一直都对作者身份存有怀疑。为了准备这次拍卖，苏富比拍卖行研究古代大师绘画的专家格雷·鲁本斯坦（Greg Rubenstein）针对作品的归属问题做了大量的调查和研究。他的观点具有足够的说服力，令买家愿意加价到 3000 万美金购入此画。这种变化也表明，艺术鉴赏在艺术品市场中是多么的错综复杂。

同时，艺术品鉴赏与艺术品修复的关系也十分密切。正如《纽约时报》（*The New York Times*）在拍卖后的报道中所写："尽管技术方面的证据表明，《坐在小键琴旁的年轻女子》出自维米尔之手，但直到六个月前荷兰国家博物馆画作保存部的前任负责人马丁·比利（Martin Bijl）在荷兰对该画完成修复清洁后，许多专家和学者才认可了这一观点。"

若你想知道文物保护科学家和艺术史家是如何以不同的角度回应鲁本斯坦的观点的（可参考本书第 113 页）。

细节见第 112 页，第 145 页

远观近赏

乍一看，维米尔成熟期的画作都沉浸在私密的家庭氛围里，描摹着闺房中的女人。但很快你就会意识到，这是一种肤浅的认识。其实，维米尔想要表达的东西与画面所暗示的私密气氛截然相反，几乎所有的内部空间都与外部世界紧密相连。被阅读和写下的信、地图、地球仪、敞开的窗户才是维米尔表现的核心内容。当我们更深入内部空间，就会发现更多它与外部世界联系的迹象。

在维米尔职业生涯中期的三幅画中，这种联系的承载者是女仆。她们与女主人及外部世界的接触，是烘托整幅画环境氛围的主要因素。在其更早些的画作中，女性与恋人通信或传递消息时，并没有中间人（我们假设他们是传声筒）存在的必要。画中两性的直接接触，往往不发生在夫妻之间，且带有一定的性暗示，或者说，暗含一些风流韵事。起初甚至是一种最为粗俗的两性接触，如妓女和老鸨向顾客提供服务。这便引出一个问题：在后期的那些画作中，维米尔是要利用中间人的角色将露骨的情欲包装起来吗？

在那些单纯描绘女性面容的小画中，女模特依然与外部世界有联系。她们的眼睛凝望着我们，在维米尔营造的永恒空间里与观赏者交流。同时，交流的场域也正被画面之外的我们界定着。我们看不到她们与孩子、商人的交流，也看不见寻常家庭中的夫妻交流。维米尔摒弃了这些世俗的交流方式，让他笔下的女性在音乐与爱中自由绽放。

"维米尔的魅力显而易见又难以捉摸。"英国诗人、批评家克雷格·雷因（Craig Raine）写道。这一评价完全适用于《戴珍珠耳环的少女》。在这幅真人肖像画中，没有什么比可爱少女的脸庞更吸引人的了。她微微扭头，眼神中带有一丝诱惑，正试图与我们交流。这让我想起人们谈论圣像的话："不是你在看着他们，而是他们在看着你。"

　　除了眼神交流，她那湿润的、微微张开的嘴也闪烁着性感的光芒。这只是她令人捉摸不定的开始。她真的会把自己当作欲望的对象吗？当她与我们眼神交汇时，不会转过身去吗？

　　人们对画作的品评是相对而言的，这幅画颇具戏剧性的历史就证明了这一点。1881年，当它在海牙的拍卖会上亮相时，对文物颇具慧眼的维克多·德·斯图尔斯（Victor de Stuers）立刻怂恿他的朋友阿诺德斯·安德里斯·德托姆（Arnoldus Andries des Tombe）买下它。德托姆用少得可怜的两荷兰盾三十分就买下了这幅画，并于1902年遗赠给莫里茨皇家美术馆。如今它是世界上最为珍贵的画作之一。

《戴珍珠耳环的少女》（作品目录23）

在代尔夫特，有关约翰内斯·维米尔的记忆正以各种方式存续至今。1976 年，受约翰内斯·维米尔基金会委托，艺术家维姆·T. 希佩尔斯（Wim T. Schippers）创作了立体的《倒牛奶的女仆》，它如今屹立在新教堂附近的公园内。沃德大街上的画家行业协会遗址，有一家信息中心——代尔夫特维米尔中心，在其网站主页上介绍这位艺术家和他所在城市的情况。这个局部就是该网站特别推介的，其原因很好猜。尽管没有证据，但《老鸨》中面朝前方的年轻男子被认为极有可能是维米尔的自画像。他是维米尔画中唯一直视着我们的男性。

　　如果真是这样，那他也并不是荷兰第一个置身画中、与可疑的人群为伴的画家。当妓女的营生出现在画面中时，画家也许会感觉自己像个皮条客。这一推测的依据有三点：一是直视我们的年轻男子呈现全正面像，与一般的画家自画像模式相符；二是年轻男子的年纪，与维米尔 1656 年创作这幅画时 24 岁的年纪相吻合；三是比前面两点更为特别，且令人兴奋的是，维米尔在其另一幅作品中描绘了一位背对观众的画家《绘画的寓言》（作品目录 25），那个所有人都认为是维米尔的画家穿着与年轻男子相同款式的斜纹外套。即便缺少确凿的证据，这样有趣的推测也让人不忍轻易放弃。

《老鸨》（作品目录 4）

"来点马德拉，我亲爱的。"1956 年，英国喜剧二人组"佛兰德斯和斯旺"（Flanders and Swann）演唱的歌曲讲述了一个年迈的浪子"狡猾地引诱"一个十七岁少女的故事。他将少女带到他的公寓并给了她一杯马德拉（一种加强型葡萄酒）。"她自降身份，拿起酒杯，鼓起勇气，抬起双眼，燃起了他的希望。"除了一个上了年纪的男人用酒精玩弄、引诱少女，我们还能捕捉到什么呢？

　　这幅画稍稍偏离了《老鸨》卖淫的主题，却没走得太远。男性的生理冲动仍然驱使他们召妓。在《老鸨》中，我们的视线被年轻的旁观者牵引。而在这里，我们直接看向当事人——那位年轻女子。一种开放性的交流产生了，它既存在于引诱者与他的猎物之间，也存在于画中的年轻女子与观者之间。年轻女子唇间泛起的一丝微笑，似乎在说："你知道会发生什么，对吧？"也许那只是一场单纯清白的饮酒呢？

　　同样老套的故事也发生在柏林那幅《葡萄酒杯》（作品目录 10）中，不过那幅画里的人物与观赏者并没有直接的交流。

《年轻女子与两名男子饮酒》（作品目录 11）

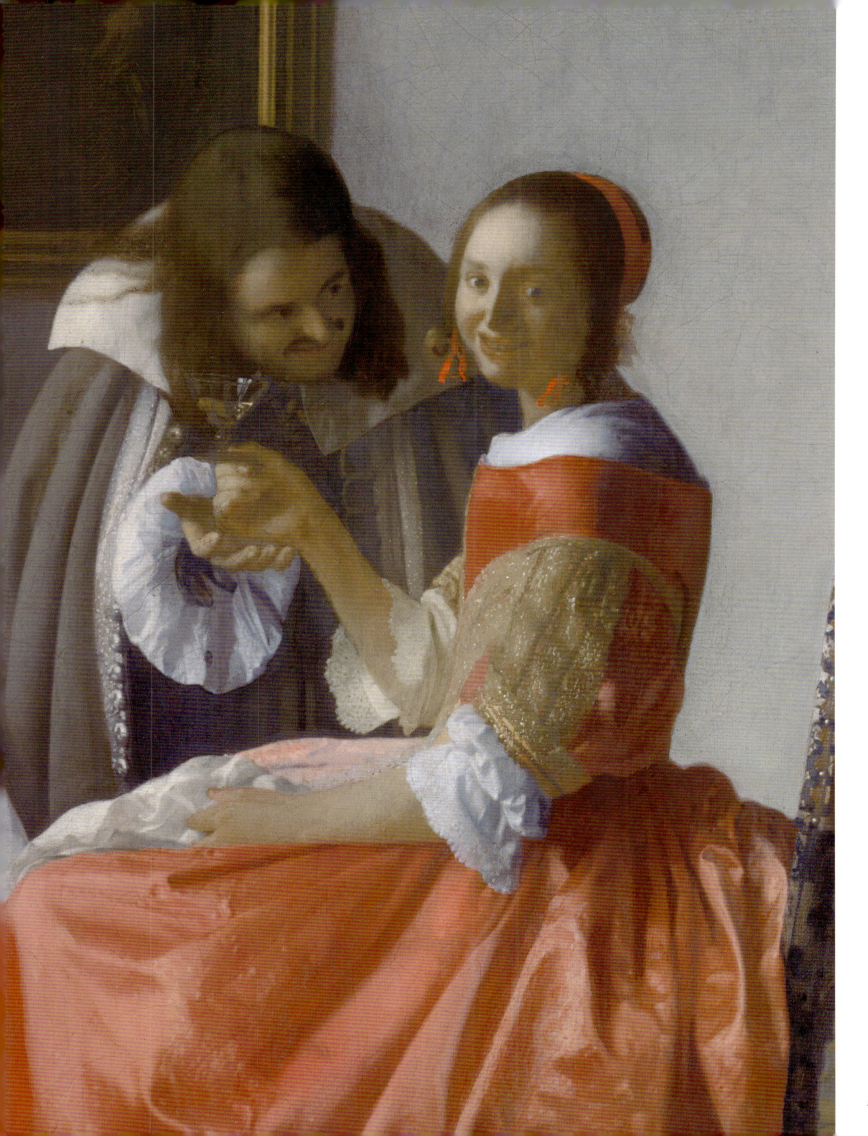

年轻女人将视线再一次从靠近她的男人身上挪开，望向我们。这个有着飘逸长发和高额头的男人看起来跟《年轻女子与两名男子饮酒》里的模特是同一个人。两幅画所表现的行为也有迷人的相似性。那就是，男人的手指几乎快要触碰到女人的手了，即使是轻触，也激起了感官上的火花。

男人的行为在这里显得更为恭敬，但他的衣着和风度却没那么绅士。将两个人物结合在一起的，并不是那杯不正经的酒，而是乐谱（我们假设是乐谱）。它所创造的是不同于不伦瑞克那幅画（《年轻女子与两名男子饮酒》）的另一种情境。我们在这里看到，酒是一种诱惑的手段，而音乐除了单纯的声音以外，还具有激发更多感觉的微妙力量。

不伦瑞克那幅《年轻女子与两名男子饮酒》中的触觉与味觉，弗里克美术馆这幅《被中断的音乐》中的触觉与听觉，各种感觉相互交织，迸发出别样的感官刺激，并通过女子望向我们的方式，将视觉有力地注入进来，使观众的感官体验变得格外饱满。在这些画里，维米尔让观众公开参与画中人物的互动。

第 60—61 页

泰奥菲勒·托雷－比尔热（Théophile Thoré-Bürger）给维米尔起了个绰号：代尔夫特的斯芬克斯（The Sphinx of Delft）。他这么说的一部分原因是，维米尔画中人物的面部表情大多没有显露内心的感受。一般来说，确实如此。其他评论家在论及维米尔的飘忽暧昧时，也指出过这一点。然而，如果拿维米尔的作品跟其他画家的作品比较，他在这一点上似乎又没什么特别之处。

2002 年，一队西班牙心理学家研究了普拉多美术馆的所有画作，想看看画家是如何描绘人物情绪的。"我们筛选了 135 幅创作于 14 世纪到 19 世纪之间的画作，这些画都具有强烈的情感主题，绘有清晰的面部。画中人物的情感和面部表情由三位鉴定人进行评价，其中两位是 FACS（一个能通过人的面部表情变化辨认肌肉活动的观察系统）的专家。有趣的是，在 75 幅画（56%）中，人物面部传递出中性的情绪。"仅在其他少数画作中，人物的表情与 FACS 专家设想的相符。

通过这些发现，我们可以得出一个结论，画家主要利用欣赏者对绘画主题的感受来传递情绪。如果画作承载着巨大的情感重量，欣赏者会在画家的表现中发现它们。不过，如果像维米尔的《写信的黄衣女子》那样，画作没有依附于主题的明显情绪，人物表情也较为中性，那么欣赏者就要自己去将内容补充完整了。

《被中断的音乐》（作品目录 9）
第 60—61 页，《写信的黄衣女子》（作品目录 21）

与《写信的黄衣女子》一样，《站在小键琴旁的年轻女子》的主人公望向我们的那一瞥居高临下又高深莫测。两位女主人公的头部都被安排在其身后墙上画作一角的位置。这样一来，头部轮廓和头饰的褶皱就从规整的黑色画框上凸显出来。关于黄衣女子身后的那幅巨大的画，国家美术馆是这样说明的："这又暗又难以辨认的画，应该是一幅关于乐器的静物画。唯一能辨认出的乐器是一把古提琴。乐器通常带有爱情的隐喻，因此，我们也许可以这样理解，这封信是写给那位不在场的爱人的。"

《站在小键琴旁的年轻女子》中，正在弹奏乐器的女人背后是一幅巨大的丘比特画像。所有元素组合在一起，暗示两幅画中的女人都深陷爱情。她们为什么通过画家之手与我们视线相交？这个问题没有答案。

《站在小键琴旁的年轻女子》（作品目录 34）

第 64—67 页

这两幅分别藏在弗里克美术馆（第 64—65 页）和荷兰国家博物馆（第 66—67 页）中的画作都是关于某一时刻的描绘，弗里克美术馆称其为"神秘的危险时刻"。维米尔因擅长描绘瞬间而闻名，但这类画并不是他所创造的。信上的内容激发着观者的想象。我们会不由自主地问自己，信上说了什么，它对收信人又意味着什么。在维米尔之前或之后的画家都曾充分利用过书信这个简单的道具。

从某种程度上可以证实，无论艺术中的女性以何种形象出现，我们都会迅速推测，她收到的来信与爱情有关。但如果收信人是个男人，这种判断就不会如此不假思索了。如同电影中的男女主角都无法逃脱浪漫的剧情，这种惯性思维在艺术中也无法避免。

在这里，两种关系都被画了出来。开放的视角有三个维度，那封信作为爱情的象征，由女仆传递给女主人。接着，两个女人之间产生了直接联系，她们不再是主仆，而是两个亲密的女人。虽然女仆是用人，但她们已无须恭顺，甚至还比女主人更加自如。两位收到信的女主人看上去都有点烦心，她们困顿地抬眼，看着自己的女仆，而女仆则流露出淡定的神情。最明显的要数《情书》里女仆的姿势了，她若无其事地叉着腰，露出微笑。

社会学家迪里克·菲利普斯（Derek Phillips）在对 17 世纪荷兰人的健康幸福状况进行深入研究时，着重研究了富有家庭的主仆关系问题。他将女仆称作分享女主人秘密的"亲密下属"，"也许还接纳了女主人的满腹委屈……女仆们学会留心令主人、女主人和房子里的其他人开心或不悦的事，小心翼翼地照顾每个人的情绪和个性……她不得不对主人行为的细微差别十分敏感，预见到愤怒，压抑任何情绪的表达，不断训练自己在多变的社会关系中保持谨慎"。

女仆的打扮是个敏感问题。实际上，女仆禁止穿戴"花边、饰片，留卷发等等，以便从衣着打扮上跟她们的女主人明显区分开来，避免在礼仪和道德上发生冲突"。维米尔笔下的大多数女仆都严格遵守这种规定，并扮演着菲利普斯所说的"亲密下属"的角色。然而，今天每位欣赏者都能意识到，即便不告诉女仆本人，她也知道自己所处的位置其实并不稳固。她们受制于主人，只要令主人感到不快，哪怕毫无罪过，也会被解雇。

维米尔选取女仆向女主人递送情书的紧要关头，要是女主人不悦，那无疑是极度危险的时刻。如果女仆们并未表现不安，那是因为维米尔没有尽力描绘她们的情绪。

第 64—65 页，《女主人和女佣》（作品目录 22）

《情书》（作品目录 31）

第 68—69 页

　　维米尔两幅签了名的画作在这里以一种有趣的形式结合在一起。一位家庭女仆站在写信的女主人身边，她没有看着女主人，而是望向窗外。这暗示了她可能跟自己的女主人一样，正与不在场的爱人互通心意，或者正在考虑"一桩能提供恋爱机会的差事"。女仆的姿势和表情都没有排除这种可能性，但也都没有得到证实。她可能只是想着，比起站在昏暗的室内无聊地等着女主人写完信，出门跟朋友在阳光下散散步一定会更舒服。看来维米尔让我们都成了猜测人心的高手。

　　窗户本身也是这场微型戏剧的道具。它没有安装能让人看到窗外的透明玻璃，而是嵌上彩色玻璃，阳光透过缤纷的玻璃窗传递着信息。关于这扇窗户的介绍详见本书第 244—245 页。

　　女子双手紧握着信。那封信就是蓝衣女子和情人间的沟通工具。那是一张纸，用当时的方法折起来后，可以在背面写上地址，用蜡或漆封上，无须信封。

　　跟往常一样，维米尔没有在纸上标出能让主题明确的文字。但其他画家可不会这么沉默。信件在荷兰绘画中通常是信息、签名，甚至是当日新闻的载体。对维米尔来说，"当日"并不是一个可以用年份或日期来定义的概念；每天都是"当日"，它不存在于日常生活的意义中，而是以"每个人"都能代表全人类的方式体现出来。

　　女子双手握着信的姿势显得很紧张。在这处细节上，维米尔巧妙地描绘出了手部的组织肌理、紧绷的信纸、有褶皱的缎带和长袍，与地图及其边框的水平线或垂直线相抗衡。

　　荷兰的邮政业务是一项公共服务，由镇议会管理，这在欧洲是绝无仅有的。它有一个精密的系统，能将国内外寄收的信件分开来。最初它用于商业通信，费用很高。维米尔画中的读信人和写信人都沉迷于这种昂贵奢侈的交流方式。

第 68—69 页，《写信的女人与女佣》（作品目录 32）
《读信的蓝衣女子》（作品目录 18）

在人际交往中，通常人与人之间最先接触的身体部位是手。握手和具有情感意味的手势能够对交流的目的和性质进行许多阐释。这可不是维米尔的风格，他笔下人物的手势轻描淡写，很不起眼。

在他最初的两幅画中，维米尔让手扮演了颇具表现力的角色，建构起人物关系。在《基督在玛莎和玛丽家里》中，玛莎恳请基督指责她的姐妹玛丽不帮自己干家务活儿。那时她正精心准备接待基督和他的十二门徒。《圣经》中提到过这一场景，但它不常出现在绘画中。当玛莎独立承担着所有家务，玛丽却什么都没做，只是聆听基督的教诲。

基督没有回应玛莎的求助，他责备玛莎，反而褒扬玛丽。维米尔画了坐着的基督脸朝玛莎手指玛丽的样子，但两个动作都没有着重强调。甚至可以说，指向玛丽的手指没有表达出充分的信任。维米尔真的完全相信基督字面上的斥责吗？（关于这件事，耶稣会的看法请见本书第 193 页。）

《基督在玛莎和玛丽家里》（作品目录 2）

在《基督在玛莎和玛丽家里》之后没多久的一幅画中，出现了一只相似的手。这是一只掌心向上的女人的手，大拇指的角度跟基督的一样，但食指却并不像之前那样指向人，而是跟其他手指一样弯曲着。这一细微的不同将基督的积极主动与女人的被动行为区别开来。

另一只手让一切都真相大白，那是一只男人的手，出现在女人手的上方。他竖直的拳头里，捏着一枚银币，正打算放进女人的手里。画作的其他部分表明，男人从女人那里购买性服务已是意料之中的。这是维米尔笔下极少数具有如此结尾的画作之一。

《老鸨》（作品目录4）

从维米尔的作品中我们可以发现，对于玛丽亚（Maria）、伊丽莎白（Elisabeth）、科妮利亚（Cornelia）、阿雷迪斯（Aleydis）、比阿特丽克丝（Beatrix）、约翰内斯（Johannes）、格特鲁伊德（Geertruyd）、弗朗西斯（Franciscus）、卡特琳娜（Catharina）、伊格内修斯（Ignatius）和最小的一个我们不知道名字的孩子来说，他们的父亲不是一个热爱家庭的男人。维米尔画中仅有的儿童形象是描绘在位于弗拉明街的姑姑家门前长凳下玩耍的孩子们。

有一项统计数据让人印象深刻。在大量的风俗画家中，热衷于以女性为绘画对象的只有二十位，他们的作品中男性、女性和儿童所占的平均比例分别为 28%、53% 和 19%。维米尔又是其中尤为特殊的一位。

维米尔对女性题材的重视已达到极端，甚至异常的程度：在描绘少量男性（24%）的同时，他的室内画中女性的比例之高几乎是整个欧洲风俗画界独一无二的。而且，其他风俗画家在描绘女性的同时会增添儿童，以凸显此类绘画的典型特色，但维米尔却没有在室内加入任何儿童。

他的画作中育龄女性所占比重如此之大，也让我们反思其画作的通俗意义。在这里，我们只能暂停一会儿，欣赏一下不知名的男孩和女孩，希望他们能在小街上度过愉快的时光。

《小街》（作品目录 12）

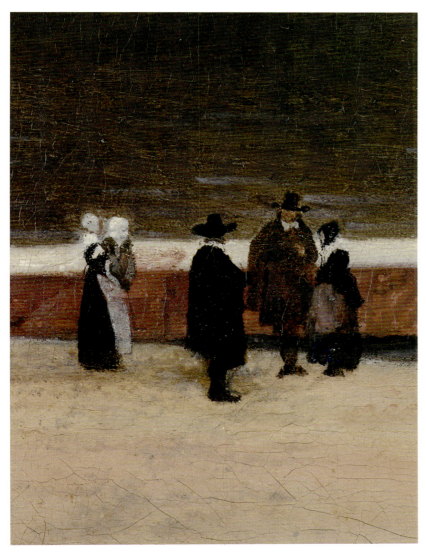

　　除了丘比特，维米尔画中的另一个孩子就在这幅画的河岸上，即女仆臂弯里抱着的那个望着水面的婴儿。《代尔夫特风景》中的两组人物是画家所有作品中最具社交特征的，他们交流最随意且不具任何暗示意味。两个男人看上去像是普通市民，与他们说话的文雅女性可能是婴儿的母亲。另外三个女人的打扮很朴素，像家庭女仆。跟在室内不同，在街上，女仆们对上层阶级敬而远之。

　　这些微小的人物构建起维米尔画作中最接近轻松社交的时刻。与之形成对照的，是室内那种高度紧张的人际关系。二者的比较可以帮助我们更好地理解两类题材的差异以及当时荷兰人的社会行为。

《代尔夫特风景》（作品目录 13）

色彩与构图

1967 年，英国诗人、艺术史家和艺术批评家赫伯特·里德（Herbert Read，1893—1968 年）撰写了一篇题为"维米尔宁静的艺术"（The Serene Art of Vermeer）的文章，里面写道："他的名声是由印象派画家建立起来的，因此，从真正意义上来说，维米尔是一位'现代'画家。人们或许会问，这是否只是个巧合，维米尔画作的特质是否具有现代性，是否正是这些特质使得他在先前一直受到忽视……我想说的是，维米尔作品的独到之处来源于其三种特质的有机结合：构图和色彩，以及一种精神上的、形而上的特质，我们可以称之为'宁静'。"

确实，别具一格的色彩和构图，能让你在众多画作中很快注意到维米尔的作品。赫伯特·里德指出的特质，几乎也是每个谈到维米尔的人都会提及的。这些特质于画作主题之外独立存在，尤其吸引着"现代"艺术爱好者。但我们不能说维米尔在这方面的成就使他"在先前一直受到忽视"。事实上，在维米尔的时代以及印象主义之前的时代，艺术评论家们已经意识到色彩和构图是决定画作成败的重要因素。即便他们未曾提到维米尔，但他的画作也完全符合这些人提倡的技巧和设置的标准。

赫伯特·里德将《厨妇》与《戴珍珠耳环的少女》进行比较后写道："这幅画的整体效果更粗糙，这不仅有助于表现一位年长的、地位低下的女性，也令她的皮肤与紧身胸衣及围裙的质感相协调……不过这幅画的变调处理跟《年轻女子的肖像》一样精细。"这一有趣的观察告诉我们，画家在绘画过程中，不仅考虑到了所绘人物的年龄和地位，连她的皮肤状态也没放过。作为一种整体的艺术，绘画内容的方方面面都应被谨慎思考并反映出来。这种理念十分动人。不过，恐怕就连批评家也很难说清，画家应该在何时以何种方式恰当地运用构想，而且也无法准确地告诉我们，画家什么时候描摹精准，什么时候有所欠缺。

比维米尔年轻些的同代人杰拉德·德·莱雷西（Gerard de Lairesse，1641—1711 年）曾经兴致勃勃地讨论《厨妇》和《情书》中色彩与纹理的和谐："当你希望黄色占据主导……就加点蓝色或者其他颜色的暗调。如果你希望黄色不要那么突出，就让它更接近绿色。"这些颜色出现在我们眼前的细节中。然而，在我看来，效果却恰恰相反。女仆围裙的蓝色占据了上风，似乎盖过了紧身胸衣的黄色，减淡了袖子的绿色。其他颜色则各司其职。蓝色和绿色的衣服因褶皱和阴影变得松垮，可能是麂皮做的黄色紧身胸衣则紧紧地绷在身上。黄色部分被中间突出的垂直衣线分隔，从左向右逐渐落入阴影，跟《戴珍珠耳环的少女》一样精细。每一个色域中都有加深和减淡的元素。

《厨妇》（作品目录 8）

　　维米尔室内画的色彩变化多端，对比强烈。这在荷兰国家博物馆收藏的两幅作品《读信的蓝衣女子》和稍晚一些的《情书》中表现得尤为明显。前者的色块较少，每一块都大面积延展，局部的色调和对比被减弱。那一抹并不显眼的高光迅速落入阴影中，中性色调的背景墙占据了主体地位。

　　《情书》的情况却极为不同。色彩的相互对比让某些颜色格外耀眼。浓烈的白色吸引了我们的注意，它比女仆衣裙柔和的蓝色和褐色更为突出，甚至比女主人外套的黄色还要显眼。各种颜色似乎彼此竞赛，争奇斗艳。显眼的金红色织锦作为背景不再是陪衬，我们从女仆的臂弯里能看到它绚丽的色彩。

　　同样的，两幅画的色块形状也有明显的不同。在《读信的蓝衣女子》中，画家以直线和明确的直角将各个色块区分开来，互不干扰。而在《情书》中，色块更为碎片化，它们以曲线和对角线互相切割，形成锐利的角度。从下往上看，作为关键信息的那封信，在它落下的阴影中被处理成一个菱形。（《读信的蓝衣女子》中那封信更明亮一些，见本书第71页细节图。）

　　毋庸置疑，这一切都是画家故意为之，与两个场景的意义有所关联。《情书》中激动与紧张的氛围影响着我们对信件内容的理解。画家的狡猾之处在于，他并未采用不易察觉的表现方式——一切都能被大家看见——但色彩与构图却令人产生一种焦虑感。

　　鉴于两幅画的形式与内容联系如此紧密，我们可以推测，《读信的蓝衣女子》中信件的内容是令人愉悦的，而《情书》中的收信人对即将看到的信件内容则心怀忧虑。

第 84 页，《读信的蓝衣女子》（作品目录 18）
《情书》（作品目录 31）

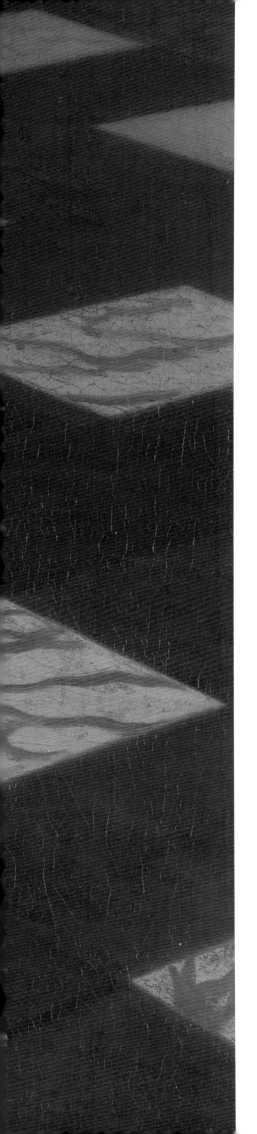

在维米尔的十五幅可以看到地面的室内画中,两幅的地面是木质的,三幅是黏土的,另十幅是大理石的。这一比例与当时荷兰房屋内部的真实情况很不一致,即便是富裕人家,也不会广泛使用大理石铺地。根据荷兰西部城市哈勒姆的文献记载,在超过六十年的时间里,内部是大理石地面的住宅总共只有九处,而维米尔所画的已超出了这个数量。大理石地面多出现在走廊上,在房间内部使用十分罕见。而且,荷兰艺术史家威廉·福克(Willemijn Fock)发现,维米尔画中白色和其他颜色拼接的大理石地面在现实中几乎不存在。

不得不说,维米尔对荷兰室内画的革新被夸大了,几经误传后甚至完全变了样。我必须要说,他不是唯一一位为室内地面铺上白色和彩色大理石的画家。相信有头脑的买家应该不会介意我的直言不讳。

地面在画中存在的目的不止一个。在严格的几何结构中,它们形成了一个能够放大空间视觉效果的透视网格。正如维米尔期望的那般,他已把这项技艺运用得炉火纯青。在他过世数年之后,出版人和艺术作家威廉·格里(Willem Goeree,1635—1711 年)提到,一个画家应该像熟知字母 ABC 一样牢记透视原则。

文物保护专家约恩·瓦杜姆(Jørgen Wadum)已经证实了一种透视画法。他在十三幅维米尔画作的灭点(所有平行线聚拢于此)处发现了针孔。画家会在灭点处嵌一枚别针,用粉笔线画出能够在平面中制造出三维错觉的正交直线。

当然并不是所有线都能这样勾画。有时,维米尔的地砖会有朝向我们的尖角。比起那种边线与画框平行的地砖,这种画法依赖于画布之外的灭点,创造出了一种更有趣的延伸感。借助法国几何学家吉拉德·笛沙格(Girard Desargues,1591—1661 年)的"新数学"理论,格里认为要营造出让专家和新手都信服的视觉效果并不困难。然而,在笛沙格之前,精湛的透视画法对荷兰画家来说已经算不上什么大问题(几年前,我在代尔夫特理工大学学习了一门徒手绘制建筑草图的课程。课上,我们学会了如何不借助图纸外的灭点营造精准的透视效果)。

《音乐课》(作品目录 16)

地砖能够帮助我们定义维米尔画中的内部空间，但对他来说，这远远不够。他开始尝试其他几何游戏，从那些类方形家具的零部件开始，比如椅子和凳子的横梁。

那三幅带有黏土地面的室内画，要追溯到维米尔早在 17 世纪 50 年代的创作。他于 17 世纪 60 年代完成《小街》和《代尔夫特风景》后回归室内画创作，所有接下来的画作——至少以女性为主角的画作——中的地面都是大理石的。只有《天文学家》和《地理学家》两幅以男性为主人公的画作中，出现的是荷兰房屋室内最为普遍的木质地板。木地板之所以被普遍使用，不仅因为它价格较为低廉，还因为它比地砖更为保暖。

从黏土地砖变为大理石地砖，要求单块砖的面积由原先的 14.6 平方厘米扩大到 29.3 平方厘米，这是英国建筑师菲利普·斯特德曼（Philip Steadman）根据维米尔房间的模型计算得出的。更大的尺寸赋予砖面更明确的自身特色，以及更显著的存在感。

维米尔 17 世纪 60 年代的创作转变同样体现在色彩方面。黏土地面是没有光泽的黄色、红色和黑色。黑色地面不如大理石那般黑亮，因而早期画作房间内的地面颜色比后来的要温暖一些，这也与他后期画作色调变冷的情况相符。让人疑惑的是，维米尔画大理石地面的决定是出于对画中人物地位的考量，还是为了适应其自身的创作转变呢？

凳子腿以奇怪的角度立在地上，使得方形内部又形成了不规则的方形。阴影增添了额外的元素，在大理石地面上变得更加明显。结果是，三组重叠并置的方形形成充满魔力的小区域，而不像孩子叠搭积木那样机械。

菲利普·斯特德曼非常详尽地重建了维米尔画中的空间。他发现，各幅画的房间尺寸是完全相同的。由此得出结论：画家是在自己家里的同一个空间进行创作，并且描绘得非常精准。同时，斯特德曼也发现，在不同的作品中，壁炉、门和大理石地面都有不同的样式与位置。关于这一点，他认为并不重要。但对我来说，这一事实削弱了维米尔毕生都在同一个房间里进行创作的可能性。

《绘画的寓言》（作品目录 25）

维米尔的室内画中充满了水平和垂直的线条及框架，它们在不同层面中发挥着作用，有助于拓展视觉的深度。那些聚拢到灭点的正交直线，与水平、垂直的线条构成网格，令观者相信这是个三维空间。各个要素并不需要十分清晰，因为我们对一个普通房间内部景象的预期起了很大的作用。通过画家的暗示和引导，我们看到了期待看到的东西。于是，我们的视觉与思维从平面切换到了颜料覆盖下的三维空间。在这个空间里，我们能看见大量彼此维持空间关系的物体。自 15 世纪起，画家们就善于呈现这样的绘画效果，并将其发挥到极致。这是他们最主要的手法。

观者虽会产生空间错觉，但平面依然存在，并且始终在我们对绘画本质的认知中发挥着作用。同时，线条形成了自己的系统，具有其自身的美感。在维米尔早期的画作《睡着的女仆》中，画面右上方的走廊就是这一原理的典型示范。它从画布垂直和水平的边缘开始，决定着其内部发生的一切。右侧边缘的水平线不断呼应着垂直线的强弱变化：地图的边缘；门的侧壁，它的反光照出了四条清晰的垂直线；窗户的玻璃与窗框又增加了两条垂直线；墙壁的一部分；一幅方形画作或镜子的垂直线。门壁左侧的线条更加弱化，代表它处于另一个房间。

这些线条与以下的水平线相互交错：地图底部的边框、桌子的顶边、窗台、画作或镜子的水平线。这些物件的颜色被调和得彼此接近，呈现出一种柔和的色调。线条的集合形成了一种平面形式，它并不依赖于空间深度的视错觉。在这幅画中，线条的平面构成只单独存在于一个角落里。而在维米尔接下来描绘的房间中（可见作品目录 18《读信的蓝衣女子》），垂直线和水平线更为醒目，充斥着整个画面。

《睡着的女仆》（作品目录 5）

　　当然，维米尔的构图元素并不一定都是上上下下的直线和各种协调于一体的颜色。这一处细节来自维米尔在《睡着的女仆》五年后创作的《音乐课》。他让地毯、椅子和服饰自身的色调充分凸显出来，甚至形成几分对冲色的张力。

　　椅子的腿、靠背以及桌面边缘，本可以画成精准的垂直线，但维米尔却让它们略微倾斜。有些区域的色彩被分割成碎片，例如椅子座位的蓝色、女子外套的黑色和裙子的红色。跟《睡着的女仆》不同，《音乐课》中没有一个单独的、完整的、规则的几何图形。

　　透视缩短的椅子令我们更难看出平面的细节，构图的原理正以一种更加自由的方式发挥着作用。两幅画的对比告诉我们，千万别认为维米尔的创作策略是一成不变的。

《音乐课》（作品目录 16）

头饰、头部与面部

头饰、头部与面部

如果有一个母题可以被称为"画家维米尔的核心业务"的话，那一定是带有长短卷发、缎带或发带、围巾或帽子、珍珠或串珠、微笑或叹息等细节的女性头部。尽管维米尔喜欢且反复描绘这一主题，但令人印象深刻的是，他总能拓展出多样的表现形式。

　　维米尔笔下的女性常被置于复杂的情境和绘画传统中，有时带有轻率无礼、漫不经心、虚荣，甚至罪恶的色彩。但在接下来的细节中，她们将脱离情境，径直走到我们面前。无论是微型戏剧中的主角，还是真人肖像画中的人物，她们都不是具有强烈个体特征的形象。她们都很年轻，还没到中年，脸上也没有皱纹或瑕疵。有些女性虽然外貌或举止显得涉世未深，但都已成年。在画作的标题上，我有时也会撇开博物馆的标签，把"女孩"改称为"年轻女子"。

　　看过这些女性，便不难理解有着基督教信仰的美国女诗人玛丽琳·钱德勒·麦克因泰尔（Marilyn Chandler McEntyre，她曾在诗集中描写过维米尔笔下的女性）的话："画家的工作就是让我们看到他所看到的事物，因而我们通过画家睿智、包容的视角认识了她们。这些女性很受欢迎，也是人们尊敬的对象。这份尊敬赋予她们以及她们的工作和生活环境一种独特的尊严。"

　　在这个部分的结尾处，我详解了维米尔极少的男性画作中的三幅。跟前面的女性相比，那几位戴帽子的男性鲜少有人关注，着实令人惋惜。

　　玛丽围着一条饰有红色条纹的长头巾。这种条纹由中间的宽线条和两边的细线条构成，每组条纹间隔较宽。头巾包裹着她的头部，落到肩膀上，滑至腰间。而玛莎那被淡黄色头巾包住的头部显得更为复杂。前额处的带子将整个头巾固定住，一直延伸到下巴。她穿着浅黄色的紧身胸衣，两肩至前襟处饰有红色的条纹。这也许是干活时穿的衣服，但它使玛莎那活跃的性格得以凸显。我们注意到，玛莎嘴唇微张，正在抱怨姐妹的行为。然而，无论从事件本身还是维米尔的态度来看，她说得太多都是不明智的。《基督在玛莎和玛丽家里》很可能不是维米尔的首创，而是复制或改编自一幅遗失的佛兰德斯或意大利绘画。

　　两位女性平静的脸庞棱角分明、明暗清晰，理想化色彩远胜于个性化色彩。事实上，比起脸部，画家赋予她们的穿着更为强烈的个性。这对分析二人遵从教义的不同很有参考价值。在下面的细节中，没有哪位女主角的生活与自己的头饰如此息息相关。

《基督在玛莎和玛丽家里》（作品目录 2）

X射线检测表明，对于这个笑着的女孩，维米尔曾不愿让她的装扮如此显而易见。最初，一个大大的白色颈圈由脖颈处延伸至胸前，遮住了脖子和大部分的黄色连衣裙。后来，维米尔改变了女孩衣服的面料和颜色，令她看起来更加活泼。原本的帽子是落在脑后的，露出了前额的头发，而现在我们的注意力都集中在了她的脸上。

历史学家玛丽克·德·温克尔（Marieke de Winkel）主要研究荷兰绘画中的服装，她凭借几个当时的残存案例和荷兰档案中大量的文献记载，对维米尔画中人物的服装进行了详尽的研究。她发现，这种帽子在代尔夫特被称作"头巾"（如今在荷兰语中，代尔夫特人叫它"hooftdoeck"，阿姆斯特丹人叫它"kaper"）。它是一种被广泛使用的配饰，任何穿着得体的女性都会储备好多件。在一份1655年的代尔夫特存货清单中，德·温克尔找到了这样的条目：六条头巾、七条头巾、三条头巾、三条同款头巾，共四捆十九条头巾。

在正统的荷兰肖像画中，坐着的人很少微笑，且从来不会露出牙齿。人们希望自己呈现出一种令人尊敬的、沉静的样子，因此他们不会公开表露情感。画中女孩露出的笑容，让我们看到了她的不拘小节和怡然自得。她隔着桌子，坐在一个军官对面，在他的陪伴下表现得有点轻浮。

第 100 页

另一条头巾，极有可能是由维米尔的夫人卡特琳娜·博尔内斯提供的，出现在《被中断的音乐》中。头巾的线条与《军官与面带微笑的女孩》中的一致，甚至连褶皱和突起的部分，以及所形成的光影，都是一致的。不过，面带笑容的那个女孩在下巴处系紧了头巾，而这个女孩则让头巾松垂着，像个袋子似的套在头上，露出了一点维米尔在早期绘画中曾习惯遮掩的头发。

这种衣着打扮上的放松，似乎与道德上的放松相符。如果说面带笑容的女孩正轻率地回应军官的求爱，那么这个中止奏乐的女孩便仿佛可以肆意跟任何人演奏出优美的曲调。

第 102—103 页

　　维米尔晚期的画作，如《写信的女人与女佣》，常被用来与他早期的作品作对比。从大的方面来说，17 世纪 70 年代，维米尔的画变得更加抽象，题材更加广泛且主题更为理想化，甚至为了画面效果牺牲了直接的观察。但在细节或其他维度上，即使是相隔十五年的作品也展现出了广泛的一致性。从画家对模特头部的描绘来看，厨妇和写信女子有着惊人的相似性。她们低头的角度是完全相同的，洒在右脸颊上的光线和落在左脸颊上的阴影产生了同样的整体效果。此外，她们都在白色衣服外面套了一件黄色上衣。

　　从价值上看，她们的头饰差别很大。女仆戴的是最廉价的白色布帽，写信的女主人戴的则是饰有珠宝花边的钟形帽，似乎还是定制的。不过，她们戴的都是白色的帽子，中间都有一个向下的褶层且角度相同，无形中产生了一条沿着脸庞、鼻子、方形下巴往下延伸的线。她们如此相像，令我的脑海中突然闪现出一个念头：我们所看见的或许是同一个女人在年轻时代和成熟岁月里不同的样子。

　　我认为，最有趣的是这两位女性在从事手中工作时的紧张感。厨房里的女仆受雇为他人做事，写信的女子径自做着自己的事，但两者并没有差别，都在全神贯注地往下看。

　　无论如何，这些相似之处说明了维米尔对某种人物姿态的持久兴趣和态度，这比他对风格的细节探索更为深入。

第 102 页，《厨妇》（作品目录 8）
第 103 页，《写信的女人与女佣》（作品目录 32）

这个女仆有诸多不合规矩之处，不仅在一堆活计没有做完的白天昏昏睡去，那跨越阶级的穿着打扮也为她招致许多骂名。玛丽克·德·温克尔写道："她穿着丝质外套，戴着黑色帽子和耳环。最引人注意的是，女孩左侧太阳穴上的黑色斑状物，它被认为是非常时尚的……通常人们是为了防止牙痛或头痛，才将其贴在太阳穴上。但事实上，人们更看重的是它所营造出的光学效果，贴上它能让皮肤看上去更加白皙。"她那顶本应在户外戴的黑色帽子，或许也具有同样的效果。

17 世纪从头到尾，女仆都是牧师和其他"正派怪胎"道德义愤的对象。新教牧师威廉·泰林克（Willem Teellinck）在 1620 年写道："每个人都应该依据自己的地位与职业着装……当然，这是要维护和强调上帝在世人中建立起来的秩序。"德·温克尔说："在这点上，尤其是女仆，受到了他最为激烈的指责。"

1682 年，阿姆斯特丹镇议会通过了一个强制执行道德原则的条例，可见他们依然残暴。在当年的册子中，作者问："一个一年只挣二十五或三十多荷兰盾的女人，能花费两倍以上的钱买漂亮衣服、花边，做发型，买巨大的发饰、发带和其他小玩意儿，这难道不奇怪吗？"用德·温克尔的话说："买这些东西的钱是从哪儿来的？难道不是通过非法的性交易或偷窃获得的吗？"

维米尔画中这个粗心大意的女仆一定会引起别人的此类怀疑。

《睡着的女仆》（作品目录 5）

在 17 世纪 50 年代创作了《军官与面带微笑的女孩》（作品目录 7）和《被中断的音乐》（作品目录 9）后，维米尔让头巾再一次出现在这里，仿佛是为了示范同一条头巾可以用不同的方式佩戴。在之前的两幅画中，头巾要么被紧系在下巴处，要么被塞进衣领处。但现在，它松松垮垮地套在一个年轻女子的头上，其容貌依稀可辨。在这处细节中，画家对头巾的描绘有所不同，它看起来既干净又有折痕，像是刚刚被压过一般；由于浆洗的缘故，带点浅蓝色调，微微透光，令头巾下的形体若隐若现，与早前的两幅很不一样。

或许它并不是同一条头巾，而是更为昂贵的品种，面料比 17 世纪 50 年代轻佻女孩围的那种更加优质。这可能是使用它的女性优越地位的一种象征。

年轻女子肩上围着夜间披巾。这种披巾是为了保护昂贵的衣服，既可以在白天的非正式场合围着，也可以在夜间围着上床。《小街》（作品目录 12）中坐在门口做针线活的妇女就围着一条（第 272 页）。玛丽克·德·温克尔在卡特琳娜·博尔内斯财产清单的亚麻制品中，发现了两条这样的披巾。

衣服与头巾相同的质地与颜色，令画面产生了一种平实的效果。简朴的衣料，暗示了穿着者并不是任性放纵的人，也没有奢侈的生活习惯。具有保护功能的夜间披巾，表明她节俭谨慎。女子发饰和衣领的细节有助于塑造其积极的形象，也在画中的其他部分获得了印证。

《拿水罐的年轻女子》（作品目录 14）

　　劳伦斯·高英将维米尔早期到 17 世纪 60 年代中期四幅描绘单独女性的画作挑选出来，称之为"珍珠画作"。《手持天平的女子》就是其中之一。这不仅是因为几幅画中都出现珍珠，也因为"这些人物的样子温和而沉静……女子温柔无瑕，从笨重家具的阴影缝隙中浮现……我们看到了一根立柱，可想而知，还有一根与之相对，它们被轻松、均衡地结合在一起。那是钟的形状……实际上，我们记住的是女子聚精会神俯在桌上时肩膀的弧形，那是全神贯注弓着背的样子"。对于这种特殊的描绘，韦恩·弗朗兹（Wayne Franits）补充，珍珠画作"拥有明亮的银色色调，画作的基调沉默而内省"。

　　以上观点或许很主观，但足以让我们注意到那些未曾留意的方面，并把它们联系在一起。但在这里，我们要研究另一个问题，即维米尔对模特脸部的设计，以及为她们添上发饰或头盖物的多种方法。与"珍珠画作"的划分办法不同，我们将戴头巾的女性归为一类。不是所有戴头巾的打扮都为了表现女性的专注，但《手持天平的女子》确实如此。头巾让女人的视野变窄，更能聚焦于手中的东西。

　　维米尔在背景中增添了一些令人忧虑的元素，这在他的风俗画中并不多见。女子背后右侧清晰可见一个堕落的灵魂被扔进地狱，相对的，左侧是一个受到庇佑的人从坟墓中飞起。在这里，维米尔赋予了永恒一种新的意义，让人感受到了不朽的真正意味。

《手持天平的女子》（作品目录 20）

根据荷兰国家博物馆纺织品部策展人 A.M. 路易斯·E. 米尔德－厄克伦斯（A. M. Louise E. Mulder-Erkelens）的权威说法，华盛顿国家美术馆对他们的这个黄衣女子如此描述："像这位女士那样，在脑后编起发髻，用缎带扎起星形蝴蝶结的发型，在 17 世纪 50 至 70 年代非常流行，尤其是在 17 世纪 60 年代之后十分风靡。"这一判断出自他 1974 年 5 月 7 日写给当时莫里茨皇家美术馆馆长 A.B. 德·弗里斯的信中。华盛顿国家美术馆荷兰和佛兰德斯艺术策展人亚瑟·惠洛克在一条 2014 年 4 月 24 日的网络词条中也重述了这种看法。关于维米尔的研究，极少有如此历经多年仍保持不变的观点。

　　在与该女性头部相关的论述中，最令人惊讶的，或许是：她是一个真实的个体。这让我们不禁假设，她不是一般的风俗画模特，而是坐在维米尔面前，供他描摹的真人。鉴于没有维米尔所绘肖像的相关文献，有的人将黄衣女子认作维米尔的夫人卡特琳娜·博尔内斯。对这个观点，能说的并不多，那些有此期待的人恐怕要失望了。因为维米尔死后，卡特琳娜拥有丈夫的大量作品，但其中并没有她本人的画像。另外，维米尔父母的画像及一幅画家自己的画像还留在家中，人们推测那便是《绘画的寓言》（作品目录 25）。现在我们认为，这张脸蛋所具有的个性化风格来自画家的一个决定——画一个比其他模特更具个人特色的、别具一格的女子。也正是出于这个决定，女子那略带嘲弄的古怪表情得以呈现在画布上。

《写信的黄衣女子》（作品目录 21）

跟《写信的黄衣女子》中的女主角一样，维米尔最后一幅真人肖像画中的女子也把头发绾成发髻。她在头顶系了红色发带，卷发从太阳穴两边垂下。虽然她也穿着黄色衣服，但远不如写信的黄衣女子那样具有个性化的风格特征。就这一点而言，年轻女子毫无表情的面孔又恢复了维米尔笔下最普遍的容貌特征。

　　从早期的维米尔画作目录到 1958 年路德维希·戈德沙伊德 [8] 制定的作品目录，这幅画一直被囊括在内，但关于其归属的质疑也始终不绝于耳。1978 年，阿尔伯特·布兰克特关于维米尔的专著中并未包括此画，其出版方正是之前出版戈德沙伊德专著的费顿出版社。当这幅画在 20 世纪 90 年代面世后，苏富比拍卖行的专家格雷·鲁本斯坦针对它的技巧和风格特点进行了详尽的研究。十年后他向一群专家展示研究成果时，文物修复者和文物保护科学家们都认为它来自维米尔，但所有艺术史家都持反对意见。基本上，我猜他们只是无法相信自己如此崇拜的画家、伟大的维米尔会让他笔下的女性拥有如此无趣的表情，她甚至没有像其他女人那样与我们对视。此画的另一个缺陷是对珍珠项链的处理方法，我们只在女子颈后看到了两颗发亮的珍珠。

　　自从 2004 年拍卖之后，这幅画出自维米尔之手的观点渐渐被大众接受。2011 年，沃尔特·利特克将它编入维米尔画作目录，并借到大都会艺术博物馆展出。尽管如此，持有异议的人依然存在。

《坐在小键琴旁的年轻女子》（作品目录 37）

　　将这幅画归为"珍珠画作"，确实契合它的主题。让我们凝视画中女子的侧影：她端详着墙上镜子中的自己，手里握着穿起整条项链的浅黄色缎带，正要在末端打结。为了强调项链和耳环的重要性，画家为它们打上了最亮的光，使其风头远远盖过那根绑在发髻下连接灰色发带的红色缎带。

　　这样一张简单纯粹的侧影，在荷兰肖像画或面部绘画中并不常见（维米尔画了三四次）。这种形式源自古代的钱币和奖章，其上的神或统治者被提升至远超一般人类的高度。伦勃朗不但将这种侧影形式用于委托创作的肖像画中，还借此描绘了妻子萨斯基亚穿着奇异服装的样子。在那幅画中，侧影几乎赋予了人物一股神话般的力量，具有理想化的效果。而维米尔的《戴珍珠项链的女子》则完全相反。乔纳森·詹森无情地指出，她具有"滑跃式的鼻子和一点都不完美的外貌"，令人不快。我倒不这么认为。通过绘制一张并不理想的脸，维米尔颠覆了人们对经典侧影样式的联想。他不愿用侧影将模特理想化，而是给自我欣赏的瞬间赋予了人性的光辉。

《戴珍珠项链的女子》（作品目录 19）

"女主人最终的形象有缺憾，头部、身体和简单的背景表明，这幅维米尔晚期的作品并没有完成。"弗里克美术馆的这一观点遭到了亚瑟·惠洛克和沃尔特·利特克的坚决反对。看看女人小卷发上完成度甚高的光线，以及圆形发髻上镶嵌完好又贴合的一圈蛇形装饰钉，就知道这种说法站不住脚。跟其他没有戴头巾的女性一样，这幅画中的女主人扎了发带。发带很窄，跨过头顶，紧紧地绑住头发，但仍有卷发从鬓边和前额垂落下来。如果维米尔不是画家，他应该是代尔夫特和海牙富有女性的明星美发师吧。

　　在我们接下来讨论同一时期的《戴珍珠耳环的少女》时，此处大尺寸的耳环也会成为揭露画中耳环真实材料的有力证据之一。

　　在这处细节中，引发最多讨论的是女人手部的姿势。那只手优雅地举起，碰到下巴，嘴唇微张。此处表现的犹豫不定，似乎为我们解开那些未解之谜提供了可能性。

《女主人和女佣》（作品目录22）

并不是所有维米尔画中女性的发型都紧跟当时的潮流。其早期画作中的年轻女子就选择让那迷人的卷发垂下。后来的《弹吉他的人》（见本书第202—203页）中也是如此。年轻女子散乱的卷发看起来很自然，而年长些的那位弹吉他女子的卷发更像是在化妆室中用卷发钳用力处理的结果。在晚些时候的一幅高仿真复制品中，由于卷发已经过时，这一细节便被轻易地遗漏了，以至破坏了作品的完整性。尽管我们没法看到她的后脑勺儿，但她的头发一定盘成了发髻，用发带或缎带扎着。

　　比起姿色略逊且略带轻浮的《戴珍珠项链的女子》，读信女子们侧影（作品目录6和作品目录18)中那直挺的鼻子和严肃的神情令她们极少受到苛责。

　　通过观察我们发现，维米尔17世纪70年代的创作要比他早期的绘画抽象得多。这一点，在《窗前读信的少女》和《弹吉他的人》（作品目录36）的对比中可以得到证实。收藏在德累斯顿的这幅画中，年轻女子的脸庞和头发都有细微的渐变色调。而17世纪70年代的作品——如《弹吉他的人》——则将色调的变化进一步拉大。另外，不同于更早期画作中那些圆润的脸蛋，窗前读信少女的脸有棱有角，色块间的变化更为明显。

　　读信少女垂下的卷发被描绘得像是头部的精细变奏，而在《弹吉他的人》里，卷发更像是突出明亮背景的分割线。那像从范本上复制下来的椭圆形脸孔，一半都陷在阴影里。

　　《弹吉他的人》中女主角的微笑，那微微张开的嘴和睁得大大的眼睛，彰显了她开放的个性。她渴望学习所见的东西，表达自己的观点。维米尔这些年在乐器选择上也有了变化，用吉他取代鲁特琴为歌声伴奏，将女吉他手置于音乐世界的前沿。

《窗前读信的少女》（作品目录6）

这位迷人少女的头饰在维米尔的画作中，乃至在一般的欧洲绘画中，都是绝无仅有的。莫里茨皇家美术馆描述它："黄色头巾垂在脑后，蓝色头巾裹住前额。"我们没有找到可以与之对比的例子。两份 17 世纪的文献记载或许与这幅画有关：1676 年，维米尔的遗孀拥有两幅土耳其风格的"真人肖像画"；1696 年，"一幅穿着古代服装，异常精妙的真人肖像画"和超过两幅同样风格的画作在阿姆斯特丹著名的拍卖会（维米尔的二十一幅作品都在那里售出）上成交。古代，土耳其，荷兰？《戴珍珠耳环的少女》中的形象如此清楚明晰，却留下了难以回答的问题。

其中一个问题是，女孩戴的耳环到底是不是珍珠？尽管言之过早，但这个问题已经有了明确答案。持怀疑态度的人指出，这个尺寸的珍珠在当时极其昂贵，只属于世界上最富有的人。天文学家和画家文森特·艾克（Vincent Icke）加入了自己的批判，他认为珍珠耳环上的反光不可能是珍珠发出的。珍珠是由方解石层状改变后形成的新层状构成，因而落在它上面的光会发生漫射，使其显得特别诱人。相反，女孩的耳环上是衣领和作画房间的清晰反光。艾克推测，那耳环是由银或抛光锡做成的。莫里茨皇家美术馆推测它是由威尼斯玻璃做的。而波伊曼·范·布宁根博物馆的亚历山德拉·加巴－范·东恩（Alexandra Gaba-van Dongen）则有自己的一套理论。她认为耳环是人造珍珠，由底栖鱼的鱼鳞做成。这项技术的配方 1440 年就已发布，至今仍被人们使用。

为了写这本书，我曾购买劳伦斯·高英 1970 年出版的一本关于维米尔的著作，那是一本从图书馆收来的二手书。在阅读时，我发现了一些书商没有注意到的细节。插页 D，"女孩头部，海牙"的那一页失窃了，我确定偷走它的是一个爱上了画中女孩的学生。

《戴珍珠耳环的少女》（作品目录 23）

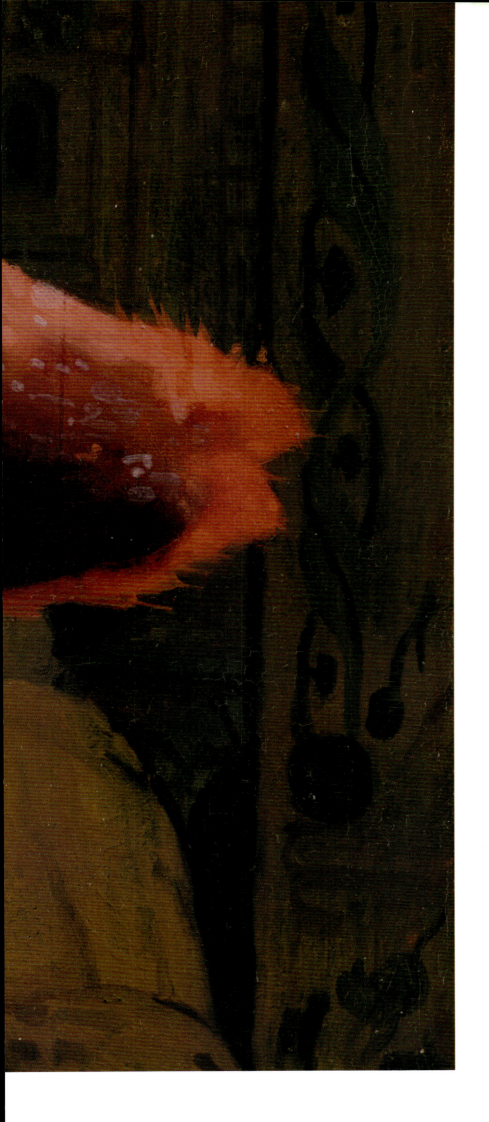

有些东西，即便是维米尔的画，也会好到让人觉得失真。这说的就是著名的《戴红帽的女孩》（关于它是否为维米尔之作的争论，详见第 38 页画作 26）。华盛顿国家美术馆认为这幅画在某些关键之处跟其他维米尔画作相比不太一样，但这些观察反而增加了它出自维米尔之手的可能性：“《戴红帽的女孩》引起的情感反应，确实跟维米尔的其他画作不同。女孩面向外界，嘴唇半张，眼神中露出期待的光芒。长袍浓郁的蓝色，帽子上如火般充满激情的红色，脸上绿色和玫瑰色产生的微妙变化，使她拥有独一无二的活力。”女孩脸上的玫瑰色调，其实来自她火红的羽毛帽子边缘落下的光线。在关于这幅画的核心讨论中，我支持怀疑论者，但这并不意味着它质量不佳（通常一幅画被认定是伪造的或张冠李戴时，人们就会这样认为）。《戴红帽的女孩》始终非常迷人，令人印象深刻。1961 年，我还是一个艺术史专业研究生，第一次看到它就被那女孩深深吸引。

《戴红帽的女孩》（作品目录 26）

　　将维米尔真人肖像画、风俗画中的人物头部与两幅寓言画里的头部进行比较，非常有意思。《绘画的寓言》里的年轻女子看起来像是画室中的真人模特，而《天主教信仰的寓言》则不是。这个差别部分要归因于头饰。戴着月桂树叶花环的女神给人活灵活现的印象，是具有生命力的象征物。她是维米尔所有画作中唯一一位头上没有发带、头巾或帽子的女性，这可能是画家为了表现朴素。但为什么女神就必须是朴素的呢？相同的疑问也适用于她低垂的眼帘，你期待着她抬眼望向永恒的天堂，但她并没有。

　　然而，稍晚些出现的天主教信仰的化身则呈现出截然不同的形象：她正向天堂凝望。与那位吉他演奏者一样，她穿着领口较低的衣服，这使得她们跟维米尔笔下的其他女性有所区别。类似的是，她也扎起头发，盘成一个嵌有装饰钉的发髻，戴着一串非常显眼的珍珠项链。正如艾迪·德·琼赫（Eddy de Jongh）所说，与维米尔和其他画家笔下虚荣与情色语境中"恶意的珍珠"相反，那串珍珠是"美德的珍珠"。

　　对维米尔来说，用信仰传递情感是十分独特的。他记录了宗教体验的升华，这在其画作中绝无仅有。

第 128—129 页

研究中国的加拿大历史学家卜正民的著作《维米尔的帽子》（Vermeer's Hat）所用的封面图，就是《军官与面带微笑的女孩》。这个男子是维米尔画作中极少数戴着帽子的男性，据卜正民说，他的呢帽是用海狸皮做成的。卜正民写道："海狸皮有独特的刺，当把它放进有毒的醋酸铜和阿拉伯胶（由汞做成）的混合物里煮，就很容易捆绑……其结果是，在被捣碎和风干后，海狸皮是上好的呢子，能做出非常棒的帽子。"海狸来自新大陆，是由土著和法国捕猎者提供的。卜正民把军官的帽子与墙上的地图，以及画中其他涉及外部世界的物件关联在一起。《老鸨》与《军官与面带微笑的女孩》中彩色的帽带"将真正的时尚与其他较之逊色的装扮区分开来，花哨的装饰穿插其间"。

关于维米尔，另一位研究英国社会与文化的历史学家理查德·赫尔格森（Richard Helgerson）曾经撰写过颇具深度的文章。赫尔格森注意到，"在 17 世纪中叶的荷兰风俗画中，无论是丈夫、兄弟还是父亲，家庭中的男性成员大多是缺席的"，这"最让人好奇，也是这些画的特色"。他还深入研究了这些画作中军人所扮演的角色。"17 世纪 50 年代早期，数十年来通常置身军营和守卫室的士兵，开始出现在拥有女伴的场合寻欢作乐：妓院、客栈、私人房屋，这些场合彼此之间无法轻易区分……男人们希望以军人的身份被人看见吗？谁能回答呢？男子身份的不确定性，以及室内空间和女人的不确定性都是真正的问题。"对于暗示多于说明的维米尔作品，这种不确定性更加突出。

赫尔格森提出的较为重要的一点是，维米尔的职业生涯恰好与荷兰历史上被称为"真正自由"的时期重合。1650 到 1672 年间，奥兰治王室被军权驱逐，不承担公职，因而这一时期的荷兰没有执政长官。这给了城市里的士兵（大多数是外国雇佣兵）更大的自由，特许的自由也为那些收留他们的女人所共享。

维米尔画的最简单的帽子出现在两幅描绘科学家的作品——《天文学家》（作品目录 28）和《地理学家》（作品目录 29）中。他们戴着软帽，只想在久坐的工作中为头部保暖，这与在房间内铺置能够保暖的木质地板相呼应。男人的长头发也能让颈部感到暖和。

在维米尔所处的时代，天文学跟其他我们所理解的自然科学一样，并不是今天所认为的纯粹的技术和智慧。从中世纪至整个 17 世纪，自然科学都被看作一种与占卜有关的学科。《自然之书》（*The Book of Nature*）作为神性在地球上的显现，地位甚至比《圣经》还高。荷兰科学史家克拉斯·范·贝克尔（Klaas van Berkel）写道："按照这一观念，一切发生在自然中的现象都有其含义，并且关乎更高级的精神指令，人们必须关注……世界的总体结构暗示，造物者创造一切都有其原因，并在他创造的万物中包含了教训或警示。其实，世界是一个象征着更高现实的巨大符号。"天文学与占星术、炼金术和古代神秘学研究混为一体。

这在维米尔的《天文学家》中也许表现得并不明显。但是，正如我们所看到的，天文学家的背后是一幅画中画。画中的婴儿摩西长大后成为奇迹的创造者和埃及神秘艺术的大师。在维米尔的时代，那些神秘艺术及其背后的道义依然受到了极为严肃的对待。

《天文学家》（作品目录 28）

衣袖、袖筒、皮衣、面料和褶皱

21 世纪早些年，在安特卫普举行的一场关于 1450 到 1750 年间欧洲绘画市场的研讨会上，当研究文艺复兴的历史学家伊芙琳·韦尔奇（Evelyn Welch）表达了自己的观点后，讨论意外停顿下来。她说："绘画！总是绘画！如果我们想理解人们真正在意的事物，应该研究一下袖筒市场。"确实，如果我们以价格和消费模式为导向进行判断，便会发现绘画并不算是真正的奢侈品。我不知道代尔夫特的裁缝挣的钱是不是比画家多，但瓷器制造商的收入比画家高一点，挂毯织工的收入比画家高得多。

如维米尔画中呈现的那样，荷兰一般市民拥有的衣物数量超乎想象。多德雷赫特（Dordrecht）市长科内利斯·范·贝弗伦（Cornelis van Beveren）的衣柜里，分门别类置放着 150 件衬衫、154 对衣袖和 158 件衣领。一位来自富裕家庭的新娘，其嫁妆也是按照这样的规模准备。但贫穷的维米尔本人只有 10 件衣领和 13 对衣袖。

维米尔在画作中分别褒扬了袖筒制造商、裁缝和美发师的艺术技巧（见本书第 94—131 页）。他同样尽其所能地表现出织物特殊的质感，并运用古老的艺术法则来描绘布料。衣物上的线、光、影是维米尔创作的主要元素，值得单独探讨。艺术史家乔纳森·詹森为这个问题作了权威总结：

> 尽管布料的褶皱各式各样，但它们并不是杂乱地堆积着，而是由于重力、拉力、压力及其材料属性造成的。如果同样的布料在某物体的同一个支点上被悬挂多次，就会出现同样的褶皱，仅有细微的差别。只有当它自由地落到地上，形成的褶皱才是无法预料的，被称为"静止褶皱"（inert folds）。如今，褶皱被分为七类：管风琴式褶皱（pipe folds）、锯齿式褶皱（zigzag folds）、螺纹式褶皱（spiral folds）、半封锁式褶皱（half-lock folds）、尿布式褶皱（diaper folds）、垂坠式褶皱（drop folds）和静止褶皱（inert folds）。另外一些褶皱，例如"Y"形褶皱和"X"形褶皱，是这些主要褶皱类型的变体。除了垂坠式褶皱，其他所有褶皱都能在维米尔的画作中找到。

　　这两套袖筒印证了伊芙琳·韦尔奇所说的话。它们是珍贵的、价值不菲的高级服饰配件，在任何社交场合都能吸引人们的视线。袖筒往往是独立制作的，可以根据不同场合的需要缝制到任何合适的衣服上。正陪同两位男士喝酒的女子穿着耀眼的红裙，袖筒上缝着工致的金线花纹，看上去像是古典式样。衬衣的白色蕾丝花边与袖口的金色图案搭配在一起，如同镀了金边的百合花。

　　坐在小键琴旁的年轻女子也有类似的穿着，她的袖筒更加复杂，花边更大。

《年轻女子与两名男子饮酒》（作品目录 11）
第 134 页，《坐在小键琴旁的年轻女子》（作品目录 35）

一条衬裙如何摆脱自身松垮的状态？维米尔用白色衣袖和灰白色袖筒的褶皱做出了示范。他描绘每一条脊状的褶皱都使用一种新色调，并对褶皱内部的颜色进行了微调。

第 137 页

这件衣服出现在维米尔画中的次数比其他衣服都多，但此处是它被描绘得最漂亮的一次。从《弹鲁特琴的年轻女子》（作品目录 15）开始，它在《戴珍珠项链的女子》（作品目录 19）、《写信的黄衣女子》（作品目录 21）、《情书》（作品目录 31）和《弹吉他的人》（作品目录 36）中反复出现。几乎没有理由质疑，这件"白色毛皮装饰的黄缎外套"属于卡特琳娜·博尔内斯。

《写信的女人与女佣》（作品目录 32）
第 137 页，《女主人和女佣》（作品目录 22）

  这是反对将《圣帕西迪斯》归为维米尔的人们发表见解的机会。我想没人会否认，《葡萄酒杯》中女子的红色裙子，远比早些年《圣帕西迪斯》中圣徒身上的那件红袍要高级、漂亮。而且我们必须承认，圣徒身上的红袍甚至比不上维米尔的模仿对象菲利斯·费歇雷利（Felice Ficherelli）画中的那件。这足以证明此画远远达不到维米尔的水平，而出自一个绘制复制品的年轻画家吗？关于这个问题，反对者一定会回答"是的"。但是，这些褶皱的绘画技巧难道比《戴安娜和她的同伴》（详见本书第 192—193 页）中的要逊色吗？

《圣帕西迪斯》（作品目录 3）

第 138 页，《葡萄酒杯》（作品目录 10）

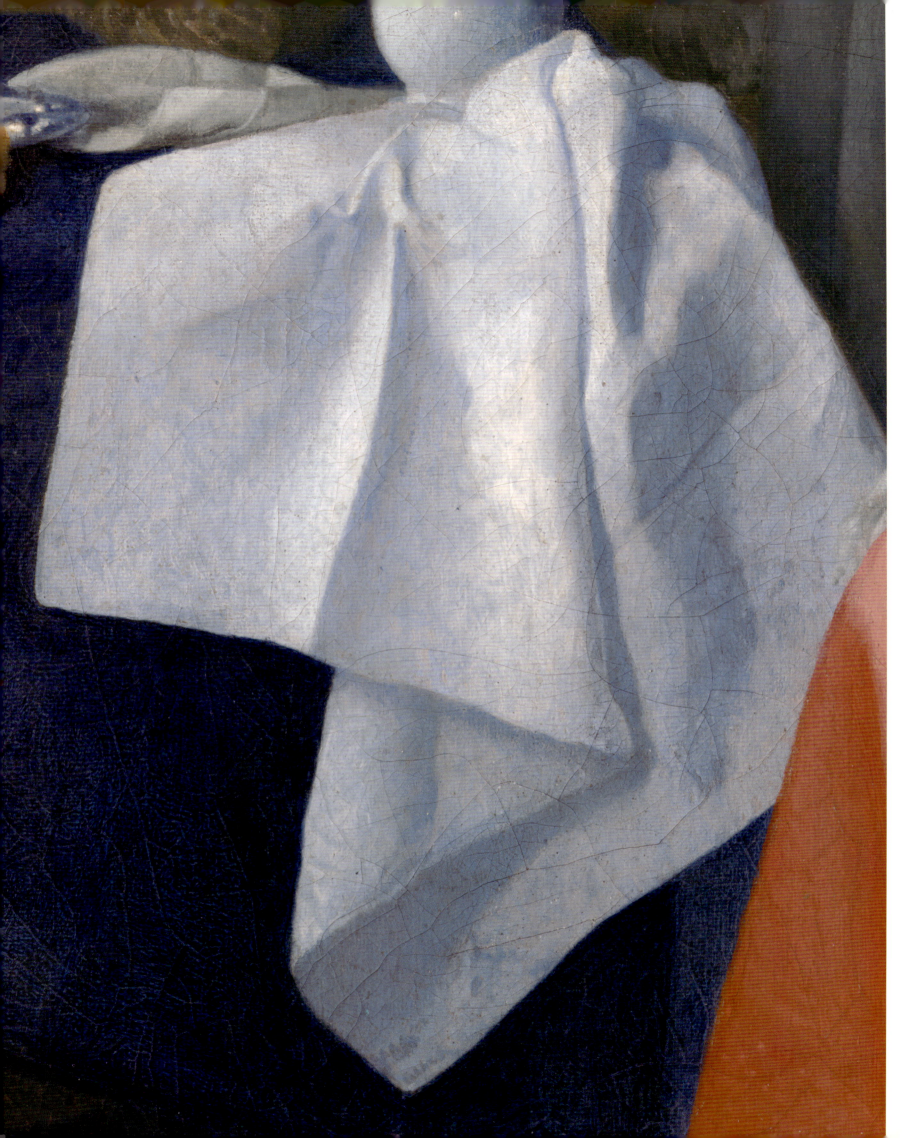

第 140—141 页

荷兰语中有一个词，"面料表现"（stofuitdrukking）。它只存在于荷兰语中，也只被艺术史家使用，意思是艺术家表现某种既定材料（主要是纺织品）外观和质感的方式。《年轻女子与两名男子饮酒》中的细节是说明这个特定词汇的优秀典范。我们能感觉到，白色的布料是浆洗过的亚麻或锦缎。它在浆洗后被熨平，然后在折叠时再沿线压平，我们能从左侧突出的脊和右侧的压痕上看出痕迹。它已被使用过，所以最靠近女子的下半部分已没有僵硬感。红裙子是用更高级、更柔软的面料做成的，有镶边或衬底。

在这两个局部中，维米尔都竭尽全力地通过光影去捕捉衣料表面的细微变化。

"面料表现"这个词只存在于荷兰语中绝非偶然。它所代表的技术，在其他绘画流派中不仅不受欣赏，反而被认为是一种失格。关于这点，乔舒亚·雷诺兹爵士（Sir Joshua Reynolds，1723—1792 年）曾经发表过见解：

> 画历史题材的画家从来不讨论色彩细节，也不会过度注意布料的区别。突出各式各样的面料，是一种低级的创作，会让主题降格。在他们笔下，衣物既不是羊毛，也不是亚麻，更不是丝绸、锦缎和丝绒，它就是布料，仅此而已。

尽管他说的是历史绘画的高级感，但字里行间都渗透着对维米尔这类画家的不屑。

第 140—141 页，《年轻女子与两名男子饮酒》（作品目录 11）

　　这是一件日常的外衣。"这类衣服很少在画作中被描绘，极有可能是一种被称为'beddejak'的短上衣，通常是直筒袖，由蓝色或白色缎子做成，前襟有一排蝴蝶结扣。顾名思义，它确实是在床上穿的。"（玛丽克·德·温克尔）荷兰国家博物馆娃娃屋里的一个人物就穿着类似的衣服。上文提到的"缎子"，更倾向于指纺织风格，而不是面料本身。

《读信的蓝衣女子》（作品目录 18）

同样是在一幅被人们普遍接受的维米尔画作和一幅作者尚存争议的画作之间进行比较，《葡萄酒杯》与《坐在小键琴旁的年轻女子》的差异并没有它与《圣帕西迪斯》的那么大（见本书第138—139页）。无论在维米尔早期还是晚期的作品中，人物的披肩都是同一种类型——长长的，有着脊状的折叠纹路，明暗的处理也十分相似。

《葡萄酒杯》（作品目录 10）
第 145 页，《坐在小键琴旁的年轻女子》（作品目录 37）

    只留有背影的画家所穿的衣服为我们提供了一个具有指导意义的案例。在欣赏一幅画时，正确判断画中物的属性对于理解整幅画的含义很有帮助。某些时候，我们坚信那件开衩的紧身上衣是一种更早的服装，维米尔从未穿过它。这导致了一种理论的产生，它有关寓言整体的意义。著名的艺术史家J.G. 范·格尔德（J.G. van Gelder）在 1957 年一场关于这幅画的公开讲座中这样说道：

> 画中的画家当然不是维米尔！没有一位 17 世纪的画家会把装扮如此反常的自己画进画中。那不是一件 17 世纪的衣服，而是来自更早的时候……一件充满幻想的勃艮第（Burgundian）外衣。对 17 世纪的欣赏者来说，画中人物穿着的是一件古董。画家与克里奥（Clio，他正在画的历史女神）之间的距离比我们一开始想象的要短得多。

    1998 年，研究绘画和服装的历史学家玛丽克·德·温克尔巧妙地瓦解了上述观点。她表明，那件开衩的紧身上衣在 17 世纪 60 年代非常流行，并举出了很多保存至今的例子，还十分恰当地引用了塞缪尔·佩皮斯（Samuel Pepys）1662 年 6 月 22 日的日记："今天我第一次穿上我非常喜欢的开衩紧身上衣。"

    这让我们回到了另一种假设：画家就是维米尔本人，一个打扮艳俗的维米尔。而这幅画正是 1696 年被卖出的那幅"在充满道具的房间里，维米尔将自己画得格外英俊潇洒的肖像画"。这一年代的定位主要取决于那件紧身上衣。

《绘画的寓言》（作品目录 25）

融入艺术的艺术

1971 年 9 月的三个星期里，世界上最著名的艺术史杂志之一的《伯灵顿杂志》(*Burlington Magazine*) 在伦敦苏富比拍卖行举办了一场出色的展览。这场展览囊括了 257 件展品，其中 69 件是原画、素描、版画、赤陶雕塑、青铜器和瓷器，其余都是照片。展览名为"融入艺术的艺术：作为灵感源泉的艺术作品"。它既是大量艺术复制品的集中展示，也是对艺术复制现象的重大意义和价值的论证。策展人基斯·罗伯茨 (Keith Roberts, 1937—1979 年) 是我的好朋友，正是他定下了展览的主题。在此，我要对苏富比拍卖行的展览进行补充，从某种程度上说，维米尔也曾是将艺术融入艺术的主要代表。

　　除了是一名画家，维米尔也是一位艺术经纪人。他在代尔夫特的圣路加协会做了两任会长，在此期间接触了大量画家和各种工匠。因此，我们无须为出现在其画作中的诸多装饰元素感到惊讶，那都是他早已熟知的。真正令人惊叹的是，他对融入画中的其他艺术门类竟有如此多样化及专业化的把握，如荷兰、佛兰德斯挂毯及圣坛装饰，《圣经》和风俗主题，风景与肖像，羽管键琴上的装饰，陶瓷艺术，彩陶，砖画，纺织品等。当然，有时将某件特殊的物品置入画中是出于图像学的考虑，但不总是这样。维米尔选择在自己的画中再现另一种艺术，是为了向同行们致敬，并传递出一种信息：没有一幅作品的完成与墙上的画、柱基的代尔夫特砖或桌上的土耳其织毯完全无关。

《天主教信仰的寓言》画面左侧边缘挂着的窗帘，与起源于东佛兰德斯小镇奥登那德（Oudenaarde）的一种挂毯极为相似。这种挂毯具有高度的装饰性，其主要产地的一半人口都为挂毯工厂工作。在这类挂毯中，有一种著名的风格叫"草木绿"（verdure），因为其在各种色调中都呈现浓郁的草木绿色。

维米尔在这幅直白的、有关天主教的寓言画中选择这种装饰，并把它置于显眼的位置上，其目的实在令人困惑。画面并没有因此呈现出明显的神圣感。在窗帘最平整的部分，我们看到一个戴着帽子的男人牵引着一只巨大的动物。有人认为它带有象征意义。我们可能会就此曲解，以为画家要说的是：日常生活就是掩藏更深层真相的窗帘。对我来说，这个解读未免太过草率，艺术中任何看起来与主题有差异的元素都能引出此类见解。

另一个问题与宗教本身有关。奥登那德的纺织工大部分都是新教徒，当天主教在这一区域地位稳固后，他们大规模地拥入欧洲新教地区，尼德兰北部尤甚。画中的挂毯很有可能是移居代尔夫特的新教徒工匠制作的。

维米尔小心翼翼地绘制出挂毯的饰面。那遍布的圆形浅色小球是人们在暗箱投射的影像中看到的光晕。然而，有些画家把这种手法用到了不该使用它的创作中。画家艾尔波特·盖依普（Aelbert Cuyp，1620—1691 年）在描绘远离暗箱的草地上的牛时，也采用了类似的光晕。而且，《天主教信仰的寓言》中光晕的设置看起来更像遵循画家的需求，而非不加处理地照搬光学设备的效果（因为光学设备只会沿着挂毯表面不均匀地投射光线）。

《天主教信仰的寓言》（作品目录 33）

奥登那德窗帘背后，展现出让人印象深刻的画中之画。它引发出一个与其自身相关的谜题，与主题无关。还有什么比描绘"受难"的装饰更适合《天主教信仰的寓言》呢？画中，十字架在圣约翰和圣母马利亚身侧，后面还有三个人物。在维米尔遗孀1676年的财产清单中，我们发现了两幅描绘"受难"的绘画，其中一幅在厨房内，被叙述为"表现耶稣在十字架上的巨幅绘画"。我们有充分的理由相信，维米尔在《天主教信仰的寓言》中复制的就是自己家里的这幅画。

谜题因《受难》的有趣背景而产生。这幅画来源于安特卫普画家雅克·乔丹斯（Jacques Jordaens，1593—1678年）的一件同题材作品。跟奥登那德的许多纺织工一样，乔丹斯也是一名加尔文教派教徒。他在维米尔创作《天主教信仰的寓言》之前就转变了信仰。因而在这奇妙组合中，我们看到一位来自荷兰北部加尔文教区的天主教画家，向一幅高度宗教化的画作致敬。而这幅宗教画的作者，是一位来自荷兰南部天主教区的加尔文教派画家。如果将其视为维米尔刻意的普世态度，当然很好，但老实说，我觉得这不太可能。维米尔也许并不知道他的耶稣受难图的纺织工或画家的宗教派别。

毫不令人意外，"一个乌木做的十字架"是维米尔家中的装饰。他的屋子里还有圣母马利亚的画像，以及一幅《三博士来拜》（Adoration of the Magi）。创作于1670年代的《天主教信仰的寓言》中的十字架也安装在乌木上，它可能正是1676年财产清单中的那一件。我们再来看看《圣帕西迪斯》（详见本书第139页）中的十字架，即圣帕西迪斯把殉难基督徒的血液挤入容器时，手中握着的那个十字架。它可能不是乌木做的，但类型跟前者相似，与基督的肉身融为一体。值得注意的是，作为维米尔对菲利斯·费歇雷利的仿作，《圣帕西迪斯》中的十字架是唯一一处无法在原画中找到的细节。此处，维米尔有意增加了表征意义的线索，这在其晚期创作中是个例外。

《天主教信仰的寓言》（作品目录33）

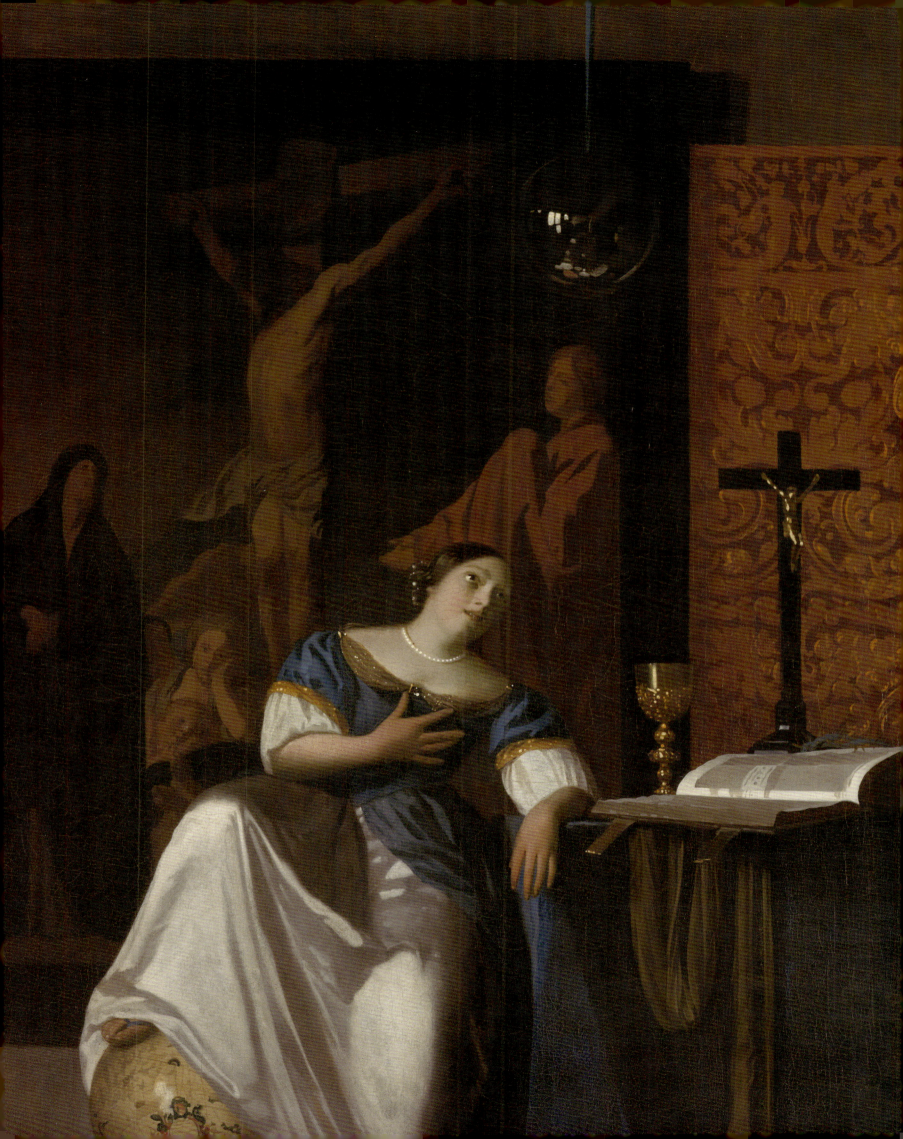

　　直到最近，作为维米尔的画中之画，除了装饰作用没有其他特殊功能的风景画被认为是他的独创。转折点发生在 1994 年，卡塞尔美术馆（Kassel painting gallery）荷兰和佛兰德斯绘画策展人格雷戈尔·韦伯（Gregor Weber）鉴别出了这两幅风景画的仿制对象。它们出自比维米尔稍年长些的代尔夫特同代画家彼得·范·阿什（Pieter van Asch，1603—1678 年）的一幅作品。维米尔在《弹吉他的人》中将它呈现为一幅标准式的风景画，同时又将它与阿什的另一幅风景画融合后，在《坐在小键琴旁的年轻女子》的琴盖上重现。这一发现，证实了我们之前了解到的维米尔仿制画中之画的办法。在其他一些已知的案例中，他有时会对版式和原始色调进行翻天覆地的改变。而在有些画中，正如韦伯对上述风景画的分析，我们虽能看到部分原作的影子，但构图已被维米尔调整过了。因此，把它们称为"仿制画"是不是有些失礼？

《弹吉他的人》（作品目录 36）
第 154—155 页，《坐在小键琴旁的年轻女子》（作品目录 35）

在一个手持天平的女子身后挂着一幅表现末日审判的绘画，桌子上放着珍珠和金子。它目前还没有被成功鉴别，只能说，它拥有 16 世纪佛兰德斯祭坛画的意境。

在祭坛画和维米尔的风俗画之间，"称量"这个动作形成了一种艰难的主题连接方式。世界末日中神圣审判的豁免，取决于一种称量行为。尽管这幅画中没有，但在很多关于这一主题的描绘中，大天使米迦勒出现，拿着天平称量人们的灵魂，从而判断哪些人该受到上帝庇佑，哪些人该下地狱。没有一个旁观者可以左右这次判决，我们只能默默地注视着，而不是试图解释它。

这幅画自 1942 年起就为华盛顿国家美术馆所有。对这件作品，没有人比长期担任该美术馆荷兰和佛兰德斯美术策展人的亚瑟·惠洛克更熟悉。他提出了一个理论：

> 场景中的人物令人惊讶地紧紧遵照圣伊纳爵·罗耀拉（Saint Ignatius of Loyola）在《精神操练》（*Spiritual Exercises*）中提出的冥想建议……在冥想前，圣伊纳爵要求冥想人先检视自己的良知，衡量自己的罪过，如同末日审判时站在审判人面前那样。圣伊纳爵接着要求冥想人衡量自己的选择，选择一条以"均衡的"方式被顺利审判的生活道路……维米尔确定地传递出信息：人应该过一种节欲的、均衡的生活。

惠洛克对这一理论深信不疑，他足够明智地作出评论："多年来，关于这幅画的不同解释层出不穷，然而，它们都提醒着我，在评估那些指向不同观点的证据时，你必须谨慎至极。"

《手持天平的女子》（作品目录 20）

两双眼睛凝视着我们。我们用穿着得体的女子为画作命名。在她的上方，是几乎正面朝向观众的、圆胖可爱的裸体小丘比特，他留着长长的金色卷发，是维米尔最喜欢放进画中画的形象之一。小丘比特在这幅画中显得最漂亮；在《睡着的女仆》（作品目录 5）中最不显眼，只能看见他的左腿。

同样描绘丘比特的画，还出现在《被中断的音乐》（作品目录 9）中。跟《站在小键琴旁的年轻女子》一样，它的方形画框占据了大部分的后墙，前景的女孩扭头望着我们。遗憾的是，在《被中断的音乐》中，我们几乎无法清楚地看见丘比特，因而被两双眼睛共同注视的效果也消失了。

如果你倾向于认为画中画无论出现在哪里都具有相同的含义，那你一定反对那些权威专家如沃尔特·利特克的观点，他认为这两个丘比特的含义截然相反。毋庸置疑，其普遍意义是，那个直视你的丘比特想要你思考一下爱情。

维米尔遗产中包括的"丘比特"，很可能是一幅画作，甚至可能就是这一幅。实物还没有被鉴定出来，但它与另一个由阿尔克马尔（Alkmaar）画家凯撒·范·埃弗丁恩（Caesar van Everdingen，1616/1617—1678 年）画的丘比特如此相近，以至于人们猜测维米尔的丘比特是根据凯撒的一幅丢失的画来仿制的。

《站在小键琴旁的年轻女子》（作品目录 34）

有一幅画再度成为画中之画。巴卜仁那幅描绘老鸨向客人兜售弹鲁特琴妓女的画作，早前在《音乐会》（作品目录 17）中出现。跟丘比特以不同形式呈现在不同画作中一样，巴卜仁笔下的老鸨也带上了几分伪装。《坐在小键琴旁的年轻女子》（作品目录 35）里，人物间的距离缩短了，这使得墙上的画被裁切压缩，不像《音乐会》里那样完整。

奇怪的是，画中两幅《老鸨》表现方式的不同，跟现存的两幅《老鸨》之间的差异很相似——现存的一幅出自巴卜仁之手，另一幅是在其之后的仿作。《音乐会》里那幅《老鸨》在形式上更接近藏于波士顿美术馆的巴卜仁原作，而《坐在小键琴旁的年轻女子》里的那幅，其垂直度和柔和的色调更像藏于荷兰国家博物馆的同时代仿作。

维米尔家中曾挂过其中一幅画吗？他有太多机会这样做了。在对卡特琳娜·博尔内斯及其母亲玛丽亚·廷斯的财产进行分割时，我们发现"一幅关于老鸨的绘画，画中的老鸨指着自己的手掌"。这幅画之所以出现在画家家里，可能与两幅《老鸨》的另一处不同有关。《音乐会》（创作于约 1663—1666 年间）里的《老鸨》是用朴素的黑檀裱框，而《坐在小键琴旁的年轻女子》（创作于约 1670—1672 年间）里《老鸨》的边框是镀金的。迈克尔·孟提亚斯指出，在那些年间，画框的形制发生着变化，人们越来越倾向于镀金。这也暗示了一点，即我们所注意到的不同，可能跟巴卜仁《老鸨》的重新裱框有关。不过，孟提亚斯也承认，我们不能指望维米尔的画中之画完全还原真实情况。

《坐在小键琴旁的年轻女子》（作品目录 35）

维米尔再一次将年长同行的画作当成了重要的装饰，他不止一次将这幅画用在他认为合适的画作中。《天文学家》（作品目录 28）里的《寻找摩西》（*The Finding of Moses*），是《写信的女人与女佣》中那幅画的微缩版。它的色调更为暗淡，这可能与两幅画后来在修复、保存和时间流逝中的状况有关。

　　画作描绘的是一个奇怪的故事——一名女子代为哺育自己的亲生孩子。当一个犹太女子"生下健康的孩子后，把孩子藏了三个月"[《出埃及记 2:2》（*Exodus 2:2*）]，因为法老已经下令，"所有新生的犹太婴儿都要被投进河里"[《出埃及记 1:22》（*Exodus 1:22*）]。于是，她将婴儿装进篮子里，让篮子漂浮在尼罗河上，并让婴儿的姐姐守在那里 [《出埃及记 2:3—4》（*Exodus 2:3-4*）]。然而，法老的女儿及其随从还是找到了哭泣的婴儿。虽然他们发现这是一名犹太男孩，却并没有将他投入水中。婴儿的姐姐说，"可以找一名犹太女子哺育这个婴儿"。这一意见获得采纳，她们达成共识，法老的女儿付钱给婴儿的亲生母亲，让她来哺育这个孩子。除了跟航海及制图的关联（详见本书第 40页）外，这个故事也成了基督拯救世人的重新诠释。例如，尼罗河的水，据说预示着洗礼仪式，而法老的女儿被认为是圣母玛利亚的原型。摩西长大后，成为犹太教的创始人。而他在尼罗河的芦苇丛中被发现的故事，颇受艺术家青睐。

　　维米尔画中的那幅《寻找摩西》似乎没有被保存下来，但它与在英国大放异彩的荷兰画家彼得·莱利（Peter Lely，1618—1680 年）创作于 17 世纪40 年代的诸多该主题绘画非常接近。

　　关于维米尔画中之画的意义，美国艺术史家丽莎·维加拉（Lisa Vergara）提出了一个有趣的理论。"维米尔的画作表现了两类截然不同的主题：一类主题是现代的、家庭的、属于中产阶级的、世俗的，另一类主题是古老的、高贵的、与《圣经》有关的。"有关这两类主题的创作，不仅概括了维米尔的职业生涯，还诠释了他的艺术造诣。从神话和《圣经》主题的创作开始，到 17世纪 50 年代备受青睐，维米尔逐渐变成一位描绘世俗现代生活的、具有新时代风格的画家。通过这些绘画，维米尔将古代与现代元素相结合，并为自己背离传统主题表示了歉意，同时也暗示欣赏者：即便是他的风俗画，也有比第一眼所看到的更为深层的含义。

《写信的女人与女佣》（作品目录 32 ）

只有一次，维米尔将一幅非常传统的画置于自己的作品中。对一个荷兰家庭来说，首先选择挂在墙上的一定是一幅肖像画，而且很有可能是一幅男性肖像画。我们不能先入为主地认为，在这幅略显放荡的求爱画中，墙上的男人肖像有着什么特殊的含义。

不过，这也不能阻止我们对这个形象产生有趣的联想。一如往常，维米尔给了我们这么做的权利。这幅肖像画似乎创作于 17 世纪 30 年代，画中坐着的人可能是房主的父亲。祖先的肖像画透出尊贵而老式的体面，它可以被解读为画中人物对后人（那两个男人？）可疑行为的警告。

彩色玻璃窗包含了另一个有关先祖的信息。根据徽章，我们辨认出那是一位名叫珍妮特·雅各布斯·沃格尔（Jannetge Jacobbsdr Vogel）的代尔夫特贵族，逝世于 1624 年。她的丈夫摩西·范·尼德芬（Moses van Nederveen）也死于这一年。他们住在代尔夫特旧城，不在维米尔房子的那片区域。自从荷兰艺术史协会（RKD）在 1942 年鉴定出这枚徽章之后，研究者们就努力在维米尔和珍妮特、摩西及他们的房子之间寻找关联。其中最为深远的研究成果是 1998 年迈克尔·孟提亚斯提出的、未经证实的观点，即他们的房子可能在金鹰（Golden Eagle），那里正是维米尔的赞助人彼得·克拉斯·范·瑞吉文后来所居住的地方。（另一处彩色玻璃窗，详见本书第 246—247 页。）

鉴于这些画中画彼此之间缺乏足够的逸闻连接，看起来最安全的猜测是，它们代表的更老一辈的代尔夫特资产阶级，比 17 世纪 60 年代住在这所房子里的人们更加品行端正。

《年轻女子与两名男子饮酒》（作品目录 11）

要进一步了解约翰内斯·维米尔作品中"融入艺术的艺术",有一个途径非常合适,那就是现藏于伦敦国家美术馆的《站在小键琴旁的年轻女子》中的两幅风景画。其中一幅装镀金框,描绘多云的天空和山坡之景,悬挂在明亮的窗户和前文提到的《丘比特》之间。另一幅是画在小键琴琴盖上的。弹琴的女子很熟悉乐谱,能将视线从琴键上挪开,望向我们,而手指还在弹奏着旋律。

　　这两幅画中画有着明显的不同。裱框的那幅是竖向的版式,小键琴琴盖上的则是横向版式,其本身就像是一道"风景"。小键琴琴盖上的画面左边的位置绘有树木,而纵向版式的那幅没有。但格雷戈尔·韦伯依然认为,两幅画是被同一灵感所激发,并找到了灵感的来源。韦伯与海牙艺术商霍格斯泰德(Hoogsteder)一起发现了彼得·安托尼兹·范·格罗内韦根(Pieter Anthonisz van Groenewegen,1590—1658 年)的《有旅行者的山景》(*Mountain Landscape with Travellers*)与维米尔的关系。范·格罗内韦根跟彼得·范·阿什一样,都在代尔夫特出生并接受绘画训练。1626 年,也就是人们认为那幅风景画被创作的那一年,范·格罗内韦根结束了十年的罗马生活,回到代尔夫特,加入了圣路加协会。

《站在小键琴旁的年轻女子》(作品目录 34)

彼得·范·阿什 1623 年加入协会。维米尔 1653 年加入该协会，并于 1662 至 1670 年间担任会长。协会总部存有成员作品的样本，所以维米尔可能在那里见过范·格罗内韦根和范·阿什的风景画。维米尔将这些画家的作品融入画中作为配景，可被视为对他们的真诚赞美，亦是借此表达对协会及其成员的敬意。

最值得注意的是，这两幅画中画表现的都是代尔夫特风景，且出现在维米尔的同一幅室内画中，就像是彼得·安托尼兹·范·格罗内韦根"同一主题的变奏"（发现格罗内韦根既是作曲家又是画家，这实在太棒了）。无论如何，两幅风景画的加入，使《站在小键琴旁的年轻女子》成了颇具话题性的风俗画。

《站在小键琴旁的年轻女子》（作品目录 34）

绘制地图、
测量和称重

维米尔是测量师，是称重员，是精妙的透视构建者，他像建筑测量师一样苛刻。他运用的技巧跟被称为"画家－建筑师"的艺术家的类似。"画家－建筑师"这个术语是由"画家和数学艺术爱好者"雅克·德·维尔（Jacques de Ville，1588/1589—1667 年）于 1628 年在一本小册子中创造的。绝妙的透视需要花很多时间去学习、实践，用德·维尔的话说，"如果一位画家有所意识，就永远没有理由停止练习……否则，他就会在亏欠他人、濒临破产的泥沼中无法自拔"。这真是预言般的话语。不过，维米尔在某个物象（如墙上的地图）上花费的时间比他创造一个令人信服的空间要多得多。

维米尔不仅注重对室内空间尺寸的把握，还对色彩搭配有着极为精准的拿捏。我猜，正是这些训练激发他创作出了一些与他从事相近工作的人：拥有精湛技艺的地图画师、地理学家和天文学家，靠日复一日称物品或硬币练就超凡技能的商人，还有一针都不能漏掉的花边女工和多倒点儿牛奶就会毁掉面包布丁的厨房女仆。

斯维特拉那·阿尔珀斯（Svetlana Alpers）在《描述的艺术》（The Art of Describing）中清楚地写道："地图和图画让学生感兴趣之处，并不是它们彼此的边界，而在于它们重叠的性质。"他的观点启发了我，维米尔之所以关注身边女性的工作，正是因为他在其中看到了自己的影子。

维米尔拥有许多特点，但并不是每一样都值得称颂。他的主题也好，技巧也罢，都不是他的独创。事实上，他的许多画作都曾被归属于加布里埃尔·梅特苏、彼得·德·霍赫等大师。这也表明，人们在他与其他画家的作品之间感受到的差别并不是很大。不过，有一处并不依赖感知的差别，将他推向了某个巅峰，那就是，没有人像他这样描绘地图。美国艺术史家吉姆·维鲁（Jim Welu）的博士论文写的就是维米尔画中的地图和地球仪，他发现维米尔的所有地图和地球仪都符合真实的模型，而且"正是他，比其他任何画家都厉害，捕捉到了这一时期地图上的细节原貌"。

《军官与面带微笑的女孩》中的地图涵盖了荷兰和西弗里斯兰诸省，也就是今天的荷兰北部和南部。这张地图由巴尔萨泽·弗洛里兹·范·伯肯罗德（Balthasar Florisz van Berckenrode，1591/1592—1645 年）首次出版于 1620 年，往后十年间由威廉·扬斯·布拉乌（Willem Jansz Blaeu，1571—1638 年）再版。伯肯罗德的版本没有副本留存，布拉乌的版本只幸存了一份，现藏于荷恩的西弗兰斯博物馆。维鲁仔细对照后发现，维米尔画中的地图与现藏于荷恩的那幅完全吻合。至少，刻线是相互对应的，只是颜色已经难以辨认。但维米尔的地图脱离了制图常规，将陆地区域画成了蓝色，而一般的地图绘制者都将水域涂成蓝色。

布拉乌版的地图被维米尔画了两次，一如往常，他没有用同一种方式描绘它们。跟早前的那幅相比，现藏于荷兰国家博物馆的《读信的蓝衣女子》（作品目录 18）中的地图"呈现在一片暗赭色的色调中，它的内容和颜色标识几乎难以分辨"。也许正是因为画中女子穿着蓝色的衣服，维米尔才作了如上处理，以便人物与背景形成色彩上的对比。如果真是这样，那就表明，画家会依循画面的整体效果对部分细节进行调整，哪怕是极其微小的细节也不会放过。

第 176—177 页

　　作为一个地图仿绘者，维米尔的绝佳表现在《绘画的寓言》中。在这里，我们看到了一幅拥有大量装饰的荷兰十七省地图。直到 1962 年，法 – 德裔雕刻师、版画艺术史家阿尔伯特·弗洛肯（Albert Flocon）在巴黎国家图书馆发现了一份地图的副本之前，没有人质疑过维米尔再现了一张真实的地图。这份九页纸的地图是从阿姆斯特丹的维舍尔家中得来的——很可能就是尼古拉斯·克拉斯·维舍尔（Nicolaes Claesz Visscher，1618—1709 年）。吉姆·维鲁再一次声称，维米尔的描绘"完全贴合"巴黎的那份地图。它以大型地图的形式印制，每页纸都是分开的，拼在一起才能呈现出一份完整的地图。维鲁写道："那可能是这份样本得以幸存的主要原因。"

　　法国国家图书馆保存的地图可能只是一张幅员广阔的完整地图的中间部分。但维米尔画在墙上的地图是完整的，顶部有一条标题，左右两边加上了城市风景，下方还有一段文字。这些元素都是用各自独立的印版印刷的。尽管我们无法认出《绘画的寓言》里地图上小小的字母，但它们带来了一种独特的整体形象。它不仅仅是一张地图，还可以被看作荷兰地理图像的百科全书。通常在荷兰的地图制作中，17 个低地省份都被看作一块单独的领土，也就是被标为"下日耳曼尼亚"[9] 的区域。两侧的小图展示了佛兰德斯、布拉班特和北方七省的城市。尽管北方和南方之间存在政治分裂，但在共和国时期，统一的国家形象依然深入人心，并体现在地图上。因此，如果维米尔打算用这张地图令某个绘画流派不朽，那一定是尼德兰画派，而不是"荷兰"画派。

19世纪下半叶，"科学家"这个词才出现。1840年，威廉·惠威尔[10]将其作为"艺术家的类比"提出："艺术家包括音乐家、画家或诗人，科学家包括数学家、物理学家或博物学家。"在"科学家"这个词被人们理解的半个世纪前，这些学科的从业者都被称为"自然哲学家"。他们甚至会被称为"数学艺术家"。其实，这也是人们对1713年被拍卖的那些画中人物的称呼。跟维米尔年龄相近的有识之士，会为自己掌握了艺术、自然现象、数学、历史和地理方面的知识而感到自豪。

反之，我们也可以通过那些涉猎极广的文献去窥探荷兰艺术家的精神生活。现存最珍贵的文献之一，是哈勒姆画家、建筑师彼得·萨内顿（Pieter Saenredam，1597—1665年）的藏书书目。在共计330组424个让人印象深刻的书名中，我们发现了神学、历史、地形学、战争、政治、希腊语和拉丁语文学（翻译版）、数学、建筑学和绘画方面的书籍。虽然在维米尔的财产中，只有区区三条没有详细说明的书目——"五册对开书籍""二十五册各类书籍""五六本旧书"，但他的藏书肯定远不止这些。

《天文学家》和《地理学家》引发了人们的一种推测：它们可能是维米尔受其著名的同乡安东尼·范·列文虎克（当时最厉害的透镜制作者）的委托而创作，甚至画中人物就是列文虎克。这种可能性不大，因为列文虎克是一个待在实验室而不是书房里的人，不可能阅读桌上的拉丁文书籍。尽管他与维米尔出生于1632年10月的同一个星期，而且一直都住得很近，但最早同时提到他们的文献，是在维米尔死后，即1676年9月30日，当时列文虎克被指定为维米尔寡妻卡特琳娜·博尔内斯破产案的负责人。在这个职位上，他表现得并不像这个家庭的朋友。他为债权人争取利益，而且根据迈克尔·孟提亚斯的说法，他还负责"指控维米尔的岳母玛丽亚·廷斯及卡特琳娜密谋隐瞒部分财产"一事。如果证明了玛丽亚提交的证词不实，她们可能会被送进监狱。

《地理学家》（作品目录29）

第 180—183 页

《天文学家》（作品目录 28）中桌子上和《地理学家》中橱柜顶上的球体，代表了全知的宇宙。地理学家橱柜上的是地球仪，而天文学家触摸着的是天体仪，上面展现了星星的位置，夸张地描绘了主要星座。两个球体简明扼要地呈现出地球和天体，让人可以借此学习、思考或消遣。

地球仪和天体仪一般是成对售卖的，这不仅是为了让买家享受同时拥有它们的快乐，也是因为它们具有引人注目的装饰功能。其特殊的吸引力让人们总是会忍不住去触摸和转动。认真的学生可以以此为基础对它们进行测算，解决与地球或星体空间经纬度相关的问题。通过地球仪和天体仪，许多相关的训练得以进行。19 世纪，在托马斯·基斯（Thomas Keith）题为"地球仪使用新论"或"地球与天体的哲学视角等"（A New Treatise on the Use of the Globes; or, A Philosophical View of the Earth and Heaven etc.）的一本册子中，包含了诸如"罗马 12 月 2 日早晨五点，御夫座主星五车二的高度和方位角"的问题。不仅如此，在《自然之书》仍被认为是神圣启示之源的时代，地球和星体都被看作全知上帝无限力量的体现。注视着这些球体，能让信徒内心充满敬畏。

两幅画中的球体"是成对设计的（直径都是 34 厘米），最初是一起被制作和售卖的"（维鲁）。它们的制作者是约道库斯·洪第乌斯，该版本于 1618 年问世。由（《天主教信仰的寓言》中，详见本书第 184—185 页）那个细节详尽、具有漩涡花纹的地球仪，我们就能确认这一点。

天体仪转向了大熊座、天龙座、武仙座和天琴座。地球仪展现出广阔延伸的印度洋，那是荷兰东印度公司强大的势力范围。

正如我们已经看到的（见本书第 45 页），此处细节中的物象源自一种凯撒·里帕描述的信仰的化身。蛇被基石压死，如《路加福音》20:17-18 中提到的：

基督直视着他们（法利赛人）说，经上记载着"匠人所弃的石头，已做了房角的头块石"，这是什么意思呢？凡是掉在那块石头上的人，都会粉身碎骨；那石头落在谁的身上，谁就会被砸得稀烂。

蛇将禁果给了夏娃，夏娃又把它给了亚当，进而造成了人类的堕落。信仰修复了堕落造成的损害，让永生救赎重新成为可能。

是另一位艺术家画了这个可能是任何球体的球形物，而非维米尔。1669 年，维米尔在《地理学家》（作品目录 29）中画了洪第乌斯版的地球仪。那个地球仪转向印度洋，但这里的球体带有献礼的标记。碰巧，这个 1618 年版的球形物应该是献给莫里茨王子（1567—1625 年）的。对于一个赞美天主教信仰的画家来说，维米尔不可能有意纪念莫里茨。因为莫里茨是反对西班牙天主教的起义军首领，也是正统加尔文教派的拥戴者。但大家都看到了，现实就是如此讽刺。

《天主教信仰的寓言》（作品目录 33）

《厨妇》和《手持天平的女子》（见本书第 188—189 页）中两位女性姿势与动作的对比，给我们带来了思考的空间。手持天平的女子来自上层阶级，她穿着体面的衣服，屋里的陈设价值不菲，背后那幅昂贵的画作仿佛令她置身于天国。倒牛奶的女仆则回到了人间，画中的物件只有头巾、紧身胸衣、上衣和裙子是属于她自己的。但她们的姿势如出一辙，且都被赋予了一种严肃认真的表情，令人心生敬畏。

　　两幅画作都来自维米尔的赞助人彼得·克拉斯·范·瑞吉文的收藏。可以肯定，瑞吉文是从画家手中买下它们的。在瑞吉文的女婿雅各布·狄修斯的财产售卖中，这两幅画被标为 1 号和 2 号，各自的描述为"一名正在给金子称重的年轻女子，绘画技巧高超，栩栩如生，由代尔夫特的维米尔所绘"以及"一名正在倒牛奶的女仆，特别杰出，作者同前"。它们作为售卖中的明星商品，被放在最前面充门面，最终也确实获得了仅次于《代尔夫特风景》的高价。让人惊讶不已的是，《手持天平的女子》以 155 荷兰盾的价格成交，而《厨妇》的成交价为 175 荷兰盾，这大约是真实生活中一个厨房女仆一年的收入。也许是因为《厨妇》尺寸比《手持天平的女子》要大一些，所以卖出了略高一点的价格。不过，有趣的是，两位女性的社会阶层以及她们分别具有的端庄或谦卑气质，对于画作最终的成交价毫无影响。

《厨妇》（作品目录 8）

　　两幅画作来自同一处收藏，我们本来可以依照它们原本的悬挂方式复制细节，方便大家对照相似的姿势和动作。如果那样，形态上的相似会让我们将两位女性对待各自任务的投入度也等同起来。那么，面包布丁与一盘金子的价值差异就会消失殆尽。请原谅我想起了鲁德亚德·吉卜林（Rudyard Kipling）那首政治导向不正确的诗歌《女士们》（*The Ladies*）的结束语："脱去了衣服，上校夫人和朱迪·奥格雷迪简直是亲姐妹！"[11]

《手持天平的女子》（作品目录 20）

形、声、味、触

形、声、味、触

荷兰画家们敏锐地意识到，人的五种感觉在他们的艺术中起着重要作用。无论在寓言画还是风俗画中，对五种感觉本身的描绘一直受人们喜爱。它们可以在五幅为一组的绘画中表现出来（伦勃朗为人所知最早的作品就是五幅为一组关于感觉的画作，现存四幅），也可以在一幅作品中同时出现，寻找、发现它们的过程亦是一场有趣的游戏。这就引出了我们过去在艺术欣赏中常常意识不到的一个特征——在博物馆时代之前，艺术作品几乎总是同时被许多观众欣赏。画作的拥有者会炫耀自己的收藏，并与其他观赏者交流心得。如果一幅画带有隐藏的含义、双关的语义或对感官的直接刺激，那么它更容易被人们细心观赏、讨论，好像画中描绘的事物都是真的一样。

维米尔并没有创作过成系列的表现人类真实感觉的作品。然而，这些感觉却不可避免地存在于他的画中。维米尔所有充满艺术幻想的画作，都可被视为对视觉的关照。他也曾于画中清晰地表现出了听觉。在人类感觉第一层级的竞争中，听觉与视觉始终不分伯仲。乔纳森·詹森曾经计算过维米尔作品中乐器出现的次数："在维米尔的全部画作中，我们发现，小键琴出现了四次，大键琴出现了一次，古提琴出现了三次，西特琴出现了五次，鲁特琴出现了两次，吉他、小号和笛子各出现了一次。有八九幅作品的中心主题是音乐创作。"

除此之外，我们可以跟随维米尔，细数从低级到高级的各种人类感觉。但有一个例外，即他的所有作品中没有一处细节与嗅觉有关。嗅觉通常会以母亲给婴儿擦屁股这样的场景来表现，但这不是维米尔的风格。以他描摹静物细节的能力，或许更恰当的是女性细嗅鲜花的场景，但最终他没有这么做。

　　也许，维米尔最直接描绘触觉的画作是他最早完成的那两幅。在《戴安娜和她的同伴》中，维米尔用极为精妙动人的细节描绘了随从为女神戴安娜清洗左脚的画面。与之相似的动作也出现在给维米尔带来灵感的那幅由雅各布·范·洛（Jacob van Loo, 1614—1670 年）创作的《戴安娜和她的宁芙们》中。不过，在那幅画中，戴安娜穿着漂亮的鞋子，她背后的两个宁芙正以不太亲密的姿态为她作足部护理。

　　"洗脚"这个主题带有强烈的天主教色彩。如福音传道者约翰所说，在最后的晚餐时，基督为十二门徒洗脚，并告诉他们要照他的样子为彼此洗脚。画中描绘的"洗脚"（voetwassing，荷兰语），在字典里的主要解释也涉及基督和他的门徒。

　　1653年，正值维米尔画《戴安娜和她的同伴》，为了与卡特琳娜·博尔内斯结婚，维米尔转而皈依天主教。此时，他很可能已经认识到，互相洗脚是谦逊、奉献和真爱的一种象征。而这些品质也同样体现在玛莎这个人物身上。在完成《戴安娜和她的同伴》后不久，维米尔创作了唯一一幅取材于《圣经》故事的绘画《基督在玛莎和玛丽家里》（作品目录2）。尽管我们没能从《圣经》中得知玛莎为基督做的实际工作，但耶稣会作家德赖斯·范·丹·阿克（Dries van den Akker）和保罗·贝亨（Paul Begheyn）曾提到，耶稣会创始人圣伊纳爵·罗耀拉曾给予玛莎相当高的荣耀。有一群辅助神父工作的忠实信众，被称为"助人者"。圣伊纳爵曾说，他们应享受与玛莎同等的地位。这些人包括各类艺术家，当然也包括画家。在范·丹·阿克和保罗·贝亨笔下，《圣帕西迪斯》（作品目录3）中的圣帕西迪斯也是一位"助人者"。

《戴安娜和她的同伴》（作品目录1）

在维米尔的早期画作中，精神上的虔诚得到了充分的体现。为了让自己不再沉迷其间，他一画完《基督在玛莎和玛丽家里》（作品目录 2）和《圣帕西迪斯》（作品目录 3），就用其过人的天赋去唤醒另一种接触行为——青少年称之为"抚弄"。来到妓院的客人一边用左手揩油，一边将右手的钱币丢进老鸨摊开的手掌中。当整幅画如此明目张胆地表现时，似乎完全不用多说，这就是触觉的象征或例证。

又过了一两年，我们发现维米尔在描绘男女之间的感官接触时，手法更为细腻了。《被中断的音乐》（作品目录 9）中，女子手里握着一张纸，站在她身边的男子也抓住了那张纸。尽管他们的动作被挡住了，但我们还是能感受到触碰带来的刺激。

第 196—197 页

由于女仆不是在牛奶厂工作，而是在私家帮厨，因此，我更愿意称这幅画为"厨妇"，而不是传统的名称"倒牛奶的女仆"。显然，《厨妇》中的面包并不新鲜，我敢说这一定是因为女仆的失误。她为了做面包布丁，将牛奶倒进一只深碗。这么做是为了延长面包的保质期，因为面包已经变质，不能上桌了。

我们恰好知道是谁烘焙了桌上的这些面包。当 1676 年维米尔的财产被处理时，最令人震惊的就是他给烘焙师亨德里克·范·比滕写的欠条。据说这是一笔面包的费用。让人费解的是，范·比滕接受了两幅画作为定金，而没有让维米尔付清 617 荷兰盾 6 分的费用。另外，还有 109 荷兰盾 5 分也是"过去送面包的费用"。这些费用加起来，是一个熟练工人一年收入的两倍。由经济学家转为艺术史家的约翰·迈克尔·孟提亚斯计算，这笔债务足够一个有十个孩子的家庭买三年面包了。难道范·比滕让维米尔赊账前真的没有收取保证金？会不会其中还有些其他事情？（关于这个故事更多的细节，见本书第 214—215 页）

《老鸨》（作品目录 4）
第 196—197 页，《厨妇》（作品目录 8）

194

在维米尔的室内画中，喝酒的场景比吃饭要多。画中人物爱喝葡萄酒，而非啤酒。与更低层次的百姓相比，这是上层阶级奢侈的选择。与维米尔其他画中的酒一样，此处我们看到的白葡萄酒是经由多德雷赫特进口自德国莱茵兰的。

国外的游客都会饶有兴趣地评论荷兰人的饮酒习惯。在维米尔晚年时期，担任英国驻海牙大使的威廉·坦普尔爵士（Sir William Temple）带着虚伪的同情写道："荷兰人喝进口酒和白兰地可以被原谅，因为那是'忍受生活痛苦的唯一奖赏'。"

如雅各布·卡茨（Jacob Cats，1577—1660 年）的荷兰道德家们谴责滥用酒精的行为，尤其是女人饮酒过度。"当女人喝醉的时候，本就显得很肮脏，而且也令葡萄酒蒙羞。"有些话更激烈，更具暗示性："这很悲哀，喝醉的女人就是一扇打开的门。"鉴于温和的酒精饮料是日常生活的必需品，因而禁酒令仅针对酗酒的情况。人们认为酒比水更健康，只在没有更烈性的饮料时，才会选择喝水。

杰拉德·德·莱雷西（Gerard de Lairesse）在他关于绘画艺术的著作中，对如何描绘握着酒杯的手提供了图例和说明。其中，他谈及不同阶级的握杯姿势。维米尔画中的年轻女子双手握杯，一只手放在杯脚的低处，另一只手轻轻绕着杯柄。这个动作被认为非常有礼貌。

女子手握的酒杯杯口较宽，有些发亮，外沿略带花纹，是大酒杯的改制版。大酒杯是 1500 年之后德国和荷兰制造的一种常见酒杯。杯柄装饰性的凸起被称为"粘花装饰"，具有防滑功能。如果握杯人的手指沾了油，它们可以防止杯子从手中滑落。

《军官与面带微笑的女孩》（作品目录 7）

《葡萄酒杯》里这个扁平的十弦乐器经过辨认后被确定是西特琴。不同于鲁特琴，西特琴是钢弦的。它不是靠手指弹拨发出声音，而是通过拨弦片的拨动，发出比鲁特琴更响亮的声音。因此，它常被拿来与班卓琴相提并论。维基百科这样描述西特琴的特性：它的平背设计使之比鲁特琴的构成更简洁，造价更便宜，同样，也更易弹奏，更为小巧，不易损，更易携带。就像今天的吉他一样，西特琴是各个阶层的人进行音乐创作的首选乐器。

　　有趣的是，在扬·斯蒂恩[12]、加布里尔·梅特苏、康内里斯·贝哈[13]及威廉·范·米利斯[14]等人的画中，西特琴总是由女性演奏，正如维米尔的《情书》（作品目录 31）里那样。在维米尔唯一一幅男性弹奏弦乐器的画作《音乐会》（作品目录 17）中，那个男子弹奏的是大鲁特琴。《老鸨》（作品目录 4）中望着我们的年轻男子手握西特琴，但根据乐器的图像学常识来看，他只是暂时为老鸨拿着这把琴。老鸨专注于自己的生意，不得不将西特琴置于一旁，而她面前的纸应该就是一张乐谱。

　　要搞清楚荷兰绘画中的西特琴是否为女性所用，我们可以重温一下关于《葡萄酒杯》的解读。画中是那个女子在演奏音乐，而不是她身后的男子。

《葡萄酒杯》（作品目录 10）

对音乐爱好者来说，除了鲁特琴和西特琴，还能选择的乐器是吉他。这种乐器本身非常古老，但在17世纪时才盛行起来，被专业人士广泛使用。维米尔画中穿着得体的女子弹奏的那种样式小而修长的吉他，有五根弦、八档音，边缘有黑白相间的装饰，漂亮的音孔看起来像是金子做的或是镀金的，但也可能不是。巴洛克风格的吉他填充音孔的标准材料是羊皮，它们会被精细地切割成玫瑰形。

有些琴弦，尤其是中间那根弹奏者正在拨动的琴弦，看起来模糊不清。这让人产生了一种有趣的遐想：当我们望着琴弦的时候，它们正振动着发出声响。这幅画吸引人之处在于，女子的面前没有乐谱，她在用心、用耳朵，甚至即兴地演奏着。

《弹吉他的人》（作品目录36）

"音乐——快乐的伴侣，悲伤的疗愈。"

这句格言不是出自维米尔之口。在一幅由安特卫普著名的安德烈亚斯·洛克（Andreas Ruckers，约 1579—1645 年后）工作室创作于 1624 到 1640 年间的画作中，这句话就出现在这类存世的小键琴上。它是佛兰德斯绘画和荷兰绘画中最受人喜爱的主题。如果一件乐器带有这句格言，那么画家在描绘时，绝不会遗漏它。

这句可追溯到一个世纪以前的格言表达的思想很古老，但适用于任何时候。音乐理论家和古典学者罗杰·哈蒙（Roger Harmon）在 16 世纪的赞美曲歌词中发现了它，他写道："所有关于这个主题的音乐合集或专著中都有赞美词。"最切题的是，这句格言以同样的形式出现在 1569 年出版的德国音乐手册中的一幅木版画里。在那本书中，此格言更加完整，哈蒙翻译为："音乐——快乐的伴侣，悲伤的疗愈 / 当你们呼喊我，由我主宰的时候，忧虑就会被埋葬。"

这些话并不是在描述音乐，而是借由音乐表达出来。基于这一传统，哈蒙认定，维米尔画中弹奏小键琴的女子是音乐的化身。乐器的名称也进一步阐发了这种解读。他解释道，小键琴源自缪斯女神，因而弹奏这一乐器的女子"就成了缪斯"。

哈蒙继续比较音乐的拟人化和绘画的拟人化（见第 206 页）。在那幅画中，我们同样看到了一个背对观众沉浸于音乐练习中的人物。这两幅画尺寸不同，出处各异，没有人认为它们是成对被构思出来的，但两者的相似之处确实发人深省。维米尔是不是比我们所以为的更像一个寓言家呢？

《音乐课》（作品目录 16）

第 206—207 页

如果王室收藏的《音乐课》（作品目录 16）带有些许忧郁色彩（至少琴盖上的格言传递了这种感觉），那么伦敦国家美术馆收藏的《坐在小键琴旁的年轻女子》则完全给人另一番印象。乐器上阿卡迪亚[15]式的田园风景装饰让人联想起乡间的休闲野餐。弹奏的人并未全心投入音乐，她的注意力在音乐和观众之间游走。

这里的音乐就是"快乐的伴侣"。如沃尔特·利特克对这幅画的解读一样，快乐不仅仅是听觉上的。女人"那熟悉的一瞥……也许你可以把它当成浪漫二重奏的邀请"。

视觉作为人的五种感官体验之一，在画作中有着属于自己的表现形式。它通常被表现为一个戴眼镜的人凝视着某样东西或一些光学仪器。但维米尔没有用这种方式将视觉主题化。在《绘画的寓言》中，虽然只能看到画家的后背，但我们知道他正在仔细观察。手部的动作让我们意识到，他正近距离端详着模特。他已经在白色画布上描下轮廓，正开始画女神的月桂叶花环。画布上的叶子看起来比模特头上的更蓝一些，但我不觉得这有什么特别的意义。

维米尔死后，当他的遗孀试图确保《绘画的寓言》不落入债主手中时，这幅画便成为争论的对象。卡特琳娜将"所有自由财产"转让给她的母亲，包括"一幅其亡夫创作的画作，名为'绘画的艺术'"，并声称以此向其母亲偿还一笔债务。最终，这场交易被认定为违法，画作被出售。如今它的所有权依然受到质疑。从 1813 到 1940 年，这幅画一直属于奥地利的切宁家族，直到亚罗米尔·切宁（Jaromir Czernin）以 165 万马克的价格将其卖给希特勒。切宁家族的后人宣称，这场交易带有强迫性，《绘画的寓言》理应归还给他们。可是，在过去的一百多年里，这项申诉一直失败。

第 206—207 页，《坐在小键琴旁的年轻女子》（作品目录 35）
《绘画的寓言》（作品目录 25）

家　什

1835 年，在德国著名哲学家格奥尔格·威廉·弗里德里希·黑格尔（1770—1831 年）过世后，他的美学讲稿被出版。其中，黑格尔对荷兰黄金时代的绘画给予了很高的评价。他写道，在荷兰人绘制和收藏的画作中，他们再度沉浸于"洁净的城市、房屋和家具，安定富足的生活，女人和孩子们得体的穿着……"从根本上说，这种洞见毋庸置疑。它基于一种不折不扣的实情：那时的观众乐于欣赏画作，好像他们真能看见画中描绘的事物一样。但这种说法并不全面。家庭中的物件及它们的艺术表现，也具有象征意义，既关乎道德行为，也涉及罪恶行径。它们可能被认为跟身体部位及其相关功能类似。我们并不总是能够判断，画家什么时候在传达道德意义，而又是什么时候，用西格蒙德·弗洛伊德的话说（可能是被错误地归于他的言论），"雪茄只是雪茄"。

在这一点上，维米尔没有给我们提供任何帮助。如同他的作品留给人们的总体印象一样，画中家庭布置的细节具有暗示性，却含义不明。而他对家什物件的着迷，倒是清晰可见。他用温情的目光观察着，用自己的方式将它们带进画中的日常生活。

对画家而言，如果说在画面中创造声音的幻觉是一项挑战，那么另一项挑战就是表现动态。《厨妇》非凡的表现力应归功于维米尔对动态的成功描绘。看着牛奶从那倾斜的罐子中流出，落进下方的陶器中，我们本能地感觉到了液体的流动。女仆的动作同样注入了动态。我们能感受到她为了确保牛奶的细流平稳而出，双手控制罐子时的紧张感。

厨具用粗陶做成，是一种利用古老精良的陶瓷工艺，以釉黏土在大约1200摄氏度的高温下烧制而成的器物。广口罐有一个大的折口和一条窄边。下方的烤锅有两圈口沿和一条复合边，外沿向内里倾斜。它应该还有个盖子，可直接放入烤炉烘焙。荷兰人非常擅长用黏土和铸铁制造这类器皿。英国的工匠复制了荷兰的形式，并将这些器皿称为"荷兰烤器"。画中的那口烤锅应该是在布拉班特省的一个小镇，靠近布雷达的奥斯特胡特（Oosterhout）烧制的。

陶瓷碎片几乎在任何时代和地区的考古挖掘中都是最普遍的出土物。任何规模的考古挖掘都有专人考证碎片的成分和年代，并尽可能地将它们拼在一起，以期恢复其原始的形状。多年前我在土耳其考古现场从事挖掘工作时，听研究陶瓷碎片的专家说，她能够凭借它们的风格分辨出古典时期、拜占庭时期和奥斯曼时期的黏土碎片。

《厨妇》（作品目录 8）

女仆上方的墙上挂着的大篮子是一个面包篮，边上的铜器是个购物桶。

　　女仆出门买面包，会去亨德里克·范·比滕的面包坊（见本书第 194 页）。比滕是城里最有钱的人之一，他不会亲自接待她，也不会亲手烤面包。当他 1701 年过世时，他的遗产中包括维米尔的一幅大画和三幅小画。从另一份文献中我们得知，1663 年，比滕拥有了一幅维米尔创作的单人画。许多国外的艺术爱好者想要看看维米尔的真迹，就会拜访"一位烘焙师"，那无疑就是范·比滕。维米尔本人没有任何画可以给他们看。比滕告诉这些客人，自己花了 600 里弗（我们猜测是荷兰盾）买下了这幅人物画。这似乎是夸大其词，客人们也这么认为。其中一位客人无礼地评论说，这幅画只值比滕报价的十分之一。

　　无论如何，面包、金钱、烘焙师与维米尔的家庭和财务交织在一起，而厨房里的女仆则日复一日地与面包为伍。

《厨妇》（作品目录 8）

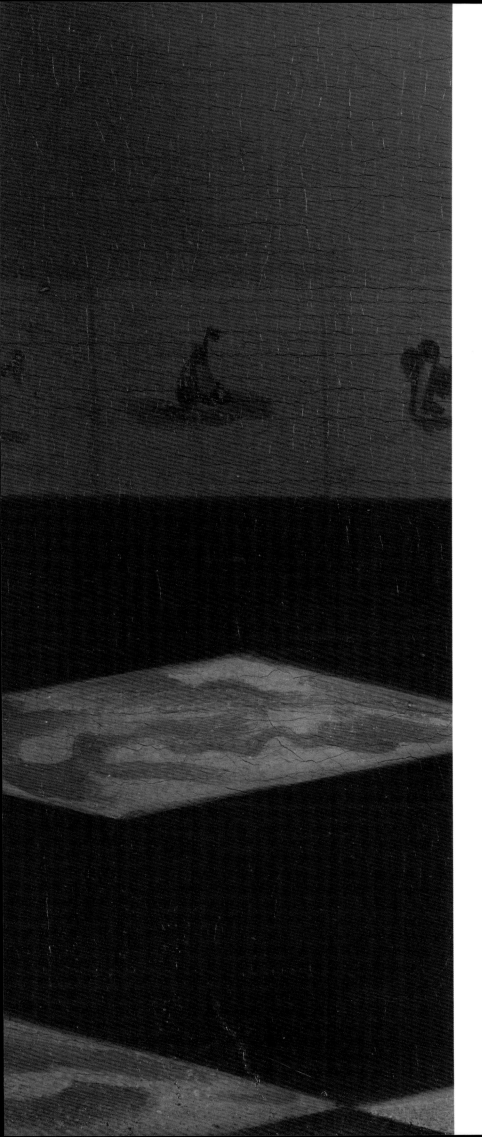

无论在厨妇的食物储藏室里还是在上流女士的客厅里，墙基都贴有锡釉黏土砖。这种砖具有功能性，它们能保护脆弱的墙基，隐藏荷兰房屋底部泛起的潮湿霉迹。为了掩饰这种隐藏霉迹的功能，墙砖的设计者会在砖上描绘装饰性图样或人物图案。

制作锡釉墙砖的技艺在摩尔人统治下的西班牙达到了顶峰。阿尔罕布拉宫（Alhambra）的整面墙上都装有颜色不同、式样各异的墙砖，我们能在其中找到十七个数学的星座图案。这些墙砖逐渐从西班牙传往北方，形式更加简化，价格也更为便宜。1585 年安特卫普没落后，制砖技术由西属尼德兰（Spanish Netherlands）的移民工匠带到了尼德兰北部。昔日王室宫殿里的装饰，如今成了寻常百姓家的配件。有的人会模仿王宫的全套装饰来布置墙面，价格不菲；而单独的墙砖是所有人都负担得起的。

大概从 1620 年起，荷兰开始进口另一样东西，即从中国传入的青花瓷，这让西方人对东方产生了遐想。制陶师们开始着手制作蓝砖，并使之迅速成为当时最受欢迎的产品。其中最好的蓝砖就出自代尔夫特，我们今天仍然习惯称之为"代尔夫特蓝"。

墙砖上饰有各种图样，有圣经主题和道德主题，但最常见的是花朵、孩子游戏的片段和丘比特。维米尔把后者画进了他的作品里。

《站在小键琴旁的年轻女子》（作品目录 34）

代尔夫特瓷是荷兰众多著名产品中的一种，但它并不起源于那里。17 世纪，尼德兰是西方世界的贸易中心，金钱、货物、技术和知识经由此处被获知、取得。

《厨妇》中的暖脚炉是另一样在每个荷兰家庭中都能找到的东西。它是个单边敞开的木盒子，顶上有孔洞。像我们看到的那样，里面可以放一罐煤。暖脚炉放在女人的裙下，适度的热量能有效地发挥作用。这种说法指向了不雅的隐喻。勒默尔·菲舍尔[16] 在一本颇受欢迎的著作中把暖脚炉称为"可爱的女人"（Mignon des Dames），它是女性的最爱，男性的情欲在它面前也会败下阵来，这是颇具代表性的暗示。在我眼中，厨妇的暖脚炉是一种合宜舒适的象征，而不代表放纵的感官享受。不过，也许我是错的。

《厨妇》（作品目录 8）

　　我们在维米尔的画中看不到一张光秃秃的桌子，他的所有桌子都铺着东方风格的绒毯。这类绒毯从印度、波斯、埃及和土耳其大量进口到荷兰。在货物清单上，它们一般被描述为土耳其毯，就像今天的外行叫它"波斯毯"一样。

　　维米尔家的物品清单上没有土耳其毯，只有材质不明的"两条挂毯"，但他对东方服饰特别喜爱。清单中列有"维米尔先生的土耳其披风""一条土耳其裤子""一件黑色的土耳其披风"，不过这些东西并没有出现在他的画中。这也给了我们一个警告，不要太快下定论说维米尔画的物品都来自他的家中。

　　荷兰人进口且销售"土耳其毯"。关于它在荷兰经济中的重要作用，历史学家本杰明·施密特（Benjamin Schmidt）写道，通过在欧洲销售这些异国产品，荷兰人创造了全球化的价值。它不仅带来了对异域世界的新认识，也带来了对欧洲全新的认知。在这种认识中，欧洲性（而非地方民族性）提供了主要的身份认同。这在评判维米尔的"荷兰性"（Dutchness）时也具有启发意义。

《音乐课》（作品目录 16）

艺术史学家恩诺·伊德玛（Onno Ydema）出版于 1991 年的著作《荷兰绘画中的毯子及其年代，1540—1700》（*Carpets and their Datings in Netherlandish Paintings, 1540-1700*）在荷兰和佛兰德斯绘画研究中起到了重要作用。他考察了不少于 960 幅低地国家黄金时代的画作，为画中毯子的 144 种图案编码，将它们分成十类，其中一部分可以确定产地。

在他研究的这些作品中，有十幅出自维米尔之手，其中六幅画里的毯子出自安纳托利亚。在两幅早期的画作《基督在玛莎和玛丽家里》（作品目录 2）和《睡着的女仆》（作品目录 5）中，桌毯是以意大利画家洛伦佐·洛托（Lorenzo Lotto）命名的"洛托毯"。早在维米尔绘画的 100 年前，这种桌毯就已经出现在洛托的画作中。"红底上饰有几何格纹，蓝色边框环绕在外。"

《老鸨》（作品目录 4，见本书第 229—231 页）中展现的是乌沙克毯，《窗前读信的少女》（作品目录 6）、《音乐课》（作品目录 16）和《音乐会》（作品目录 17）分别展现了乌沙克毯的不同样式。

《葡萄酒杯》（作品目录 10）和《写信的女人与女佣》（作品目录 32）中展现的是波斯毯。这些"花朵和云环纹样的织毯，以对称的卷茎、无数大小不一的花朵与藤蔓，以及源自中国的云环装饰为特点"。

《弹鲁特琴的年轻女子》（作品目录 15）中的织毯是一种不确定的类型，伊德玛称它为"东方织毯的改制版"。而《拿水罐的年轻女子》（作品目录 14）里的织毯，被他归入了红字标出的"其他无法辨认的种类"。之后他在通信中告诉我，在对一块类似的京都织毯进行后续研究时，他判断那块不确定的织毯由荷兰制造而非来自东方的观点得到了证实。

维米尔对有金属盖的白葡萄酒壶情有独钟。这类陶器是欧洲文化跨国传播形式的绝佳典范。它在中世纪晚期由意大利陶工融入德国制瓷技艺制成，其主要制作中心在法恩扎（Faenza），法语中"陶器"（faience）一词就由此而来。

17 世纪，荷兰工匠复制了意大利的模型。从 1660 年开始，欧洲最大的陶器制造中心就在代尔夫特。为了满足巨大的出口需求，一些荷兰公司在国外如德国一些地方，建立了分支机构，整个运营流程非常完善。

波伊曼·范·布宁根博物馆前工业时代设计部策展人亚历山德拉·加巴－范·东恩仔细研究过荷兰风俗画中的家什物件。作为编辑，她根据布宁根博物馆馆藏的实物和绘画、版画、素描中描绘的形象，建立了出色的物质文化数据库（alma.boijmans.nl）。但要将意大利的陶器和荷兰的代尔夫特陶器区分开来十分困难，就连亚历山德拉也无法确定维米尔画中的酒壶到底来自意大利还是荷兰。

《葡萄酒杯》（作品目录 10）

德累斯顿国家艺术收藏馆的研究者将这处独一无二的细节视作维米尔所有画作中最精细的单个物品。这是一个带盖子的盐釉瓷壶，出自科隆（Cologne）附近莱茵兰地区的韦斯特瓦尔德（Westerwald）。这种瓷壶并不稀有，也不是特别昂贵，却以深蓝的颜色和强烈的装饰闻名。

　　维米尔描绘它时格外小心。颜料中不仅含有普通的铅白和深蓝，还加了珍贵的群青色。在描绘的过程中，他同样做到了极致。德累斯顿国家艺术收藏馆发现，壶的正中间有一个针点，这是维米尔在颜料变干后使用圆规的结果。他用圆规为向下缩进的条纹确立合适的位置，并描好了壶身的外部轮廓。

　　金属的壶盖和壶颈也是值得研究的对象。它们部分映照出瓷壶的光泽和画家背后的光源。尽管屈居右侧最靠近画框的位置，但它们仿佛要跟画中的其他部分竞争，以吸引我们的注意。

《老鸨》（作品目录 4 ）

文献中有个题外话。在对维米尔画作中可能属于他本人、他妻子卡特琳娜或岳母玛丽亚的物品进行查找时，迈克尔·孟提亚斯捕捉到一个细节，他写道：

　　　　根据玛丽亚·廷斯的一份遗嘱，她留给女儿的遗产中，似乎只有一件出现在了维米尔的画里。这就是《拿水罐的年轻女子》中那个静静立于桌上的镀金水壶……镀金水壶如此稀有又价值连城，以至于我猜想廷斯家里不会还有另外一个与之类似的水壶。

　　然而，为了证明这一点，孟提亚斯推测画中的水壶是财产清单中的"镀金酒杯"，而不是显而易见的银制水壶或水盆。当 2003 年基斯·卡登巴赫（Kees Kaldenbach）对此表示质疑时，孟提亚斯大度地表示，自己一定是过度积极了。"女人穿着平整的晨衣，表情清醒，似乎没有理由将大都会博物馆珍藏的这幅维米尔画作重新命名为'清晨，窗前喝酒的女人，需要新鲜空气'。"

《拿水罐的年轻女子》（作品目录 14）

根据存货清单上的记录，在维米尔位于老长堤（Oude Langendijk）的最后居所，地窖上方的房间里有"六把铺着织毯的椅子"。《地理学家》中倚靠在后墙上的那把椅子就是这种形制。制作精美的直背木椅，座凳、靠背和两者之间的木杆都贴合地装饰着织毯。椅子上的花卉纹样在当时大幅挂毯的镶边上也能见到。

自 16 世纪晚期起，代尔夫特就有大量织毯生产作坊，汇集了荷兰南部的顶级制造商。我们相信，维米尔的椅子就来自当地。代尔夫特普林森霍夫博物馆（Prinsenhof Delft Museum）所藏六把同类型的椅子，都是由四十人镇议会的第四十一人马克西米利安·范·德·古赫特（Maximiliaan van der Gucht，1603—1689 年）的作坊制造的。

地理学家的椅子被截去了一大半。细节处的光线由直射光，或强或暗的垂直线、水平线和对角线阴影，以及一些反射的小亮点巧妙地结合而成。看它的时间越长，就越能让你印象深刻。

第 229 页

比《地理学家》早一年绘作的《天文学家》中，天文学家坐在同样形制的椅子上，不过这里的细节落在了阴影里。此处细节的构成，完全不同于《地理学家》中那光线与阴影、木头与织物的复杂组合。在这里，椅子的后背是落在墙壁和地面的剪影中，并与其完全融为一体，形成了一块由数个锐角和菱形组成的暗调区。两处细节的不同与两幅画整体的特性差异相统一。

《地理学家》（作品目录 29）
第 229 页，《天文学家》（作品目录 28）

第 230—231 页

《老鸨》中的安纳托利亚织毯在土耳其西部城市乌沙克（Ushak）制造。因为它的主要纹饰是星形，所以这种类型的织毯也被叫作"乌沙克奖章毯"（Medallion Ushak）。著名旅行家艾弗里雅·切莱比（Evliya Celebi，1611—1684 年）在 1671 年写过这座城市："城中各式各样的手工艺品，织毯最为出名。这里的织毯可以跟伊斯法罕、伊朗和开罗的织毯相媲美。不过，乌沙克毯出口到了世界各国。"当然，它也被西方人仿制。

对维米尔的演绎，恩诺·伊德玛这样写道："它被平铺开，从右侧能看到织毯的上下边缘。末端是一条黄色的基里姆地毯，鉴于它的流苏是红色的，很有可能是羊毛制成的……女人握着酒杯的手下方，能看见一个典型乌沙克奖章毯的部分古怪轮廓……通常奖章毯的底色是红的。但维米尔是这一规则的例外，他将底色画成深蓝色。"然而，这类例外的例子已经被发现，所以我们没有理由认为是维米尔窜改了真实情况。伊德玛认为这块织毯的制作时间远早于画作绘制的时间，而这一点我们也能从维米尔对风景画和地图的引用中找到佐证。

令人惊叹的是，2005 年，卡尔斯鲁厄（Karlsruhe）研究东方织物的专家克里斯汀·克洛泽（Christine Klose）取得了关键性的突破，她在维也纳奥地利艺术史博物馆珍藏的一块织毯上找到了与维米尔画中完全相同的细节。克里斯汀在德累斯顿古代大师画廊关于《老鸨》的展览目录中写道，画中的织毯属于罕见的乌沙克奖章毯。

第 230—231 页，《老鸨》（作品目录 4）

尽管这里的东方织毯跟其他画中那些相比，没那么清晰可辨，但恩诺·伊德玛还是能够确定《写信的女人与女佣》中桌上铺着的是饰有"花朵和云环"的波斯毯，它是呼罗珊（Khorasan）北部省份最常见的一种织毯。在葡萄牙与波斯的贸易占主导的年代，波斯毯在荷兰的进口日趋受阻。1622年，阿巴斯国王（Shah Abbas）在英国和阿曼（Omani）的帮助下，占领了波斯湾的主要港口。在那之后，荷兰得以与波斯开展大规模的贸易往来。很快，荷兰东印度公司波斯分部获得了极大的利润。

其主要产品是丝绸，但织毯也同样获得了青睐。1624年10月，荷兰东印度公司的管理者下的第一份波斯商品订单，如下：

用作桌布的500块波斯毯，4—5厄尔长。40块质量上好的波斯毯，7—8厄尔长，2.5—3.5厄尔宽。如果印度斯坦的货更价廉物美，就从那里发500块织毯，100块包退换的，再从波斯发300块织毯，总计900块。

那只是个开始。有趣的是，管理者指定织毯是用来做桌布的。从英国和法国的室内画来看，这种做法在其他国家很少见。波斯和印度货物间的互换，直到今天依然时常发生。

第234—235页

维米尔画中并不是所有织毯都是东方风格的。《地理学家》和《天文学家》中的桌毯就是欧洲风格，由于不像东方织毯那样在制作时严格遵循规范，所以它们很难辨别。将这两幅画作中的织毯和《写信的女人与女佣》中的波斯毯进行对比，两者间铺毯方式的差别同样非常有趣。女性将桌毯整整齐齐地铺在桌上，而男性研究者则马马虎虎地将它堆作一团。难道维米尔是在提醒我们注意性别特点吗？

　　此处对比的重点在于说明一种观察的结果。它最初在 1929 年由 R.H. 威伦斯基（R. H. Wilenski）提出，1978 年由阿尔伯特·布兰克特完成，旨在探讨《戴红帽的女孩》的归属问题。观察的对象是画中狮头顶饰的朝向。

　　正如我们已经看到的，维米尔画中的许多椅子都有装饰。与织毯面的椅子相反，这些椅子一般包着皮革。由于皮革来自西班牙，所以这些椅子也被称为"西班牙椅"。我们在维米尔的财物清单上发现了"九把红色西班牙皮革椅"的记录。

　　凸出的顶饰是单独雕刻后插入椅架顶部的。它们的朝向与座位的方向相同，与坐者头部的朝向一致。这在《睡着的女仆》或其他一些画中尤为明显（见本书第 200 页《葡萄酒杯》的细节）。不仅维米尔这么做，其他同时代的荷兰画家也都如此。

　　既然如此，我们该如何解读《戴红帽的女孩》？她的手肘靠着椅背，我们只能看到椅子的顶饰，甚至看不到它们之间的横档（这本身在荷兰绘画中就很反常）。

　　鉴于椅子顶饰的朝向与女孩的朝向不同，我们判断，她一定坐在我们所见的这把椅子后面的另一把椅子上。这个史无前例的造作姿势给此画带来了许多额外的苛责。同时，对这个细节的说明也让我产生了更多的疑问。两个顶饰的描绘方式非常不同。女人的手面非常平滑，没有关节，袖子的画法也平淡无奇。遗憾的是，我必须承认，我同意阿尔伯特·布兰克特的观点，这幅引人注目的画作不是维米尔所作。

《戴红帽的女孩》（作品目录 26）

维米尔用一个富丽堂皇的六臂黄铜吊灯来展示自己的专业技能。在看过其他室内画中的炫技（如彩色的大理石地面）后，我们并不会对此处过分夸张的表现感到惊讶。荷兰艺术史家和物质文化学家维乐敏·福克（Willemijn Fock）对这个问题进行了深入的研究。她得出结论，在阿姆斯特丹、莱顿和海牙，"17世纪后半叶，吊灯的数量其实在减少，它们的时髦地位只在风俗画中达到了巅峰……画中巨大的吊灯，带有笨重的六条甚至八条'S'形的曲臂，中间的挂杆末端吊着一个华丽的大球。起初这个球主要是为了教堂和办公建筑设计的，很少出现在私人住宅中。确实，一些家庭库存清单中明确将它们标为'教堂吊灯'"。

《绘画的寓言》中的吊灯上装饰有双头哈布斯堡鹰，有人将其与下方的地图联系起来。地图上展示了完整的尼德兰十七省，而非荷兰共和国七省，维米尔借此表达了自己的政治倾向。这不太可能，也不像他的特点。维米尔只用老地图作画，吊灯也很古老，它的制作年代可以追溯到1648年《曼斯泰和平条约》（the Peace of Münster）签订之前。那时荷兰是勃艮第包围圈的省份之一，由哈布斯堡王室出身的神圣罗马帝国皇帝（Habsburg Holy Roman Emperor）统治。而且，在地图制作中画出荷兰十七省，是一种延续至共和国时期的规范。

《绘画的寓言》（作品目录 25）

窗户和窗外的世界

窗户和窗外的世界

当代的荷兰房屋常配有大落地窗，这让外国游客们印象深刻。当人们从这些日夜开着的窗户旁走过时，总会不经意地向屋内一瞥。维米尔室内画中的窗户可不欢迎这类窥探。首先，从这些窗户中，我们完全不知道屋外有什么。而室内的人无法看到街景，外界也无处向内窥视。维米尔不像他的同行那样让窗户直面观众，而是在画中营造出一种空间，窗户在侧墙上按透视比例短缩。维米尔使用了多种手段让窗内的事物与外界隔绝开来，比如在临街的地方使用百叶窗、窗帘、有色或者半透明的玻璃窗。

　　我们已经说过，维米尔的窗户就像一种工具，把室内空间与外部世界联系起来（见本书第 51 页）。的确如此，不过在他手中，这种联系又是矛盾的，我们对室内所发生事情的兴趣有增无减。

　　维米尔对画室外景观的关注只持续了一到两年，期间的作品正是《小街》和《代尔夫特风景》。与他室内画的特点相似，这些室外的场景也不允许我们看向屋内。

这是典型的荷兰房屋。整个窗户被划分为两块纵向区域和两个横向区域。上半部分又由细线分割成八纵六横多个矩形窗格，顶部则是菱形与三角形交错的传统样式小窗格。窗的侧壁、过梁和窗台都用木头制成。

　　下半部分的面积相对要小一些。两扇关着的木质窗板，每扇都用八块竖板拼成，两端尖细的平直合页将其固定在侧壁上。

　　在《小街》呈现的实际位置被确定（见本书第 24 页）之前，这一场景的真实性让人争论不休。亚瑟·惠洛克曾认为它并不特指某个地点，而是饶有诗意地描绘着荷兰城镇中的宁静小街；但如今他也同意弗朗斯·格里曾豪特的看法，认为这幅画表现的就是弗拉明街 40 至 42 号。

　　如同维米尔肖像画中的细节一样，此处对窗户及其周边形态，包括老化和修复部分的表现，都十分细腻动人。几何结构的布局颇具吸引力，让人想起了美籍加裔画家艾格尼丝·马丁（Agnes Martin，1912—2004 年）的抽象画。

《小街》（作品目录 12）

窗户在维米尔的画面空间中通常处于左边，这是荷兰绘画常见的做法。我们假设这些窗户位于画室的北面，这样的话，照进来的光线要比在屋内投下暗影的直射光线更亮。

荷兰画家描述光源的术语叫"白日"（dag），它可能不过是"日光"（daylight）的一种缩写，但的确在画面空间中引入了一个时间单位。就维米尔而言，这个术语提醒我们，他画中的所有场景都发生在白天，所有光线都来自日光。尽管也有些画家描绘了烛光下的室内场景，但维米尔没有这么做。画中的光线并未告诉我们那是一天中的哪个时刻，但这并不意味着维米尔呈现的是通用的时间和通用的光线。他总是用人物的举动暗示出场景发生的时间：早起的洗漱，中午的音乐会，傍晚时分的一杯酒。光线的洒落浑然天成，极具说服力，其实却并非始终符合自然规律（见本书第 260—261 页）。我们最好谈谈这种时间与光线的混合形式。即使是画家刻意设置的情景，他的主要目的也不是原封不动地描绘它，而是创造一幅纯粹的、与他物并无相似之处的图景。

在我看来，这个原则也适用于他的空间。尽管我们有理由认为，维米尔是在同一间画室内创作了他的诸多室内画，但如果就此以为他是在对这个空间进行"写生"，那就错了。首先，画中的窗户就各不相同。在另五幅画中，窗户的样式看起来很类似，具体的窗格却很不一样。其中最早的一幅是《葡萄酒杯》（作品目录 10），画中的窗户配有盾形纹章和其他的彩色玻璃图案。时间较近的两幅是《写信的女人与女佣》（作品目录 32）和《站在小键琴旁的年轻女子》（作品目录 34），前者的窗上嵌有蓝色、红色和黄色的彩色玻璃，后者的窗玻璃则是透明的。除非我们假设维米尔总是更换场地，或者重新安装画室的窗户来适应不同的场景，否则就只能得出如下结论：画家保有充分的创作自由，而且也确实能够按其所需恰如其分地改变相应细节。在所有这些窗户的描绘中，维米尔都使用了透视短缩法（Perspective foreshortening），并完全胜任这项工作。

《音乐课》（作品目录 16）
《站在小键琴旁的年轻女子》（作品目录 34）
《写信的女人与女佣》（作品目录 32）

在《葡萄酒杯》中，透过窗户能望见的不只是室外，还有过往。维米尔在彩色玻璃窗上画的这枚纹章，属于一个名叫珍妮特·雅各布斯·沃格尔的代尔夫特贵族妇女，她在维米尔出生前八年就已经去世。我们至今对维米尔画下这个纹章的意图迷惑不解。1942 年，荷兰艺术史协会（RKD）向艺术史家伊丽莎白·纽顿伯格（Elisabeth Neurdenburg）提供材料，确定了纹章主人的身份，代尔夫特城市档案管理员佩特拉·贝达尔斯也补充了相关内容（详细背景知识请见本书第 164 页）。

　　在《年轻女子与两名男子饮酒》（作品目录 11）中，同样的窗户又一次以相同的形式出现了，只是窗户连同盾形纹章都明显褪了色（请注意本书第 164 页那些有趣的细节）。如果我宣称自己知道其中缘由，那就是在装腔作势。但是这想起来的确很有意思：珍妮特的身份标志被如此着重地与一名行为轻率的年轻女人放在一起，会不会是因为这个女人曾落下不好的名声，而在当时的代尔夫特引起街谈巷议呢？

《葡萄酒杯》（作品目录 10）

厨房女仆的主人对待她，远不如她对待他们那样细致周到。看看她的工作场所，窗户上的一个窗格已经破损，这肯定让房间变得更冷。画家让阳光直射在窗格破洞旁的侧壁上，使那里显得比别处更明亮，体现了他的善良关切与体贴入微。

　　窗户的样子看起来已经损坏。微微弯曲和断裂的地方乍看上去像是由金属膨胀引起的，影响了窗户的稳固性。窗户和侧壁上的斑点十分触目，看起来更像是维护不周的结果，而不是因为画家在此运用了光学装置。

《厨妇》（作品目录 8）

第 250—253 页

我们看到的是通往代尔夫特城的两道拱门，一道在陆上，一道在水上。陆上的入口通过斯希丹门（Schiedam Gate）进入代尔夫特老城，沿途坐落着城中最出众的私人住宅。进城的出入口会在夜间关闭，非本城居民要通过这两道门需缴纳通行费。城门还具有军事功能，斯希丹门左侧的棚屋即有放置战争物资之用。

在城的另一侧，防御门上曾建有一处火药贮存设施。1654 年 10 月 12 日，这里发生了爆炸，附近一带全部被摧毁（作为教训，弹药库重建的时候，与城市拉开了一段相当远的安全距离）。1660 年代早期，这座城市仍然没有从那次创伤中恢复过来。这一事件居然同维米尔产生了奇怪的关联。1667 年，一本描写代尔夫特的书面世，其中包括出版商为在爆炸中不幸去世的画家卡雷尔·法布里尤斯（Carel Fabritius）而作的短诗。诗文安慰人们说，维米尔就是在那次爆炸之后出现的足以在绘画上接替法布里尤斯的人。也许是在代尔夫特的幸存者们看到这幅画的时候，也许是在维米尔创作这幅作品的时候，这一不祥的关联闪现在他们的脑海。

显而易见的是，《代尔夫特风景》对具体景观作了一些有趣的处置。基斯·卡登巴赫曾指出，新教堂那座著名的塔楼被夸大了，画中的宽度是实际所见的两倍。

另一个创作上的自由发挥体现在建筑物的水中倒影上。卡登巴赫指出，实际的倒影应该比画出来的短得多。他对这幅画的研究还有一个贡献，就是它的创作时间。他富有创新性地研究了岸边的船只，特别是运送鲱鱼的船，还有新教堂塔楼上的钟。这口大钟曾经在 1660 年被送去维修。因此，卡登巴赫断言，这幅画描绘的是 1660 年或 1661 年 5 月上旬的一个清晨。由于画作不可能一气呵成，所以此处仍然保留"c. 1660-63"的日期标注。

第 250—251 页，《代尔夫特风景》（作品目录 13）
第 253 页，《代尔夫特风景》（作品目录 13）

第 254—255 页

　　维米尔是一位如此优秀的城景画家，使我不由得希望他在这方面投入更多，哪怕因此少画一些淑女画。在他画下这幅宏大壮丽的《代尔夫特风景》之前，他还创作了端庄淳朴的《小街》。

第 254—255 页，《小街》（作品目录 12）

神来之笔

荷兰艺术爱好者们认为，一位艺术家最有价值的能力是创造足以反映自然的画面，这一点应凌驾于所有其他才能之上。画家的个人风格应该被识别、被欣赏，但他不能走得太远。无论艺术家留下的作品多么带有自身风格特征，其大体上还是要基于自然的真实性。这也许是对维米尔的赞美，正如水晶高脚杯能让人清晰地看到里面的液体一样，他的画作一直被认为长于反映真实，而非创造。

在 20 世纪的进程中，艺术史家们逐渐不相信"存在"，至少不相信艺术家会再现不加修饰的真实。我们越来越意识到，"画中表现的东西"在进入我们的感知、思维和记忆之前，早已经过了神经、心理及社会、文化的加工成为一种载体，而非"现实"。画家在这种"过滤"上倾注了更多的心力，继而艺术的自主性降低了，主题的独立性也减弱了。

最终话题还是回到细节上，它让我们暂时忽略现实的相对性和反讽思想的干扰。在艺术中，如不加修饰的真实一般，细节不亚于任何东西。无论出自哪位画家之手，细节都让人无法抗拒。

　　"他死亡时的情况如下。"这是马塞尔·普鲁斯特（Marcel Proust）的《追忆似水年华》（*Remembrance of Time Past*）里最著名片段的开头。小说中的人物贝戈特（Bergotte）是一位颇具天分的小说家，也是一位文化艺术作家。他拖着病体从床上起来，去看一个荷兰绘画展。他听说维米尔的《代尔夫特风景》也在展览中展出，"他非常欣赏并自认为很熟悉这幅画，一小块黄色墙面（他不可能记得了）画得如此精妙，如果单独看它，就像一件珍贵的中国艺术品，拥有自身的美感"。贝戈特看到了那幅画，与维米尔对色彩的精通相比，他为自己文章的枯燥而感到懊恼。

　　天上的天平出现在他面前，一端的托盘里盛放着他的生命，另一端装着那被描绘得如此精美的一小块黄色墙面。他感到自己冒失地为后者牺牲了前者……他反复对自己说："黄色小墙，带挡雨屋顶的黄色小墙。"同时，他跌坐在一张环形沙发上……他死了。永远死了吗？谁能说得准呢？……贝戈特并没有永远死去，这种想法并不是不可能的。

　　就在泰奥菲勒·托雷·比尔热再度发现维米尔，并让他在法国名垂不朽之后，这个片段出现在普鲁斯特的书中。"不朽"并不算太激烈的字眼。《代尔夫特风景》中那一小块黄色的墙面，被用来衡量生命本身，并成为转世的同伴。据说普鲁斯特本人在过世前一晚还说了句"维米尔作品中有一种中国式的隐忍"。贝戈特的死亡被罗兰·巴特（Roland Barthes）视为"作者之死"[17]的原型，它也是一种预言，像是互联网影响文学的前兆。所有这些都给普鲁斯特的小说带来了新的声望。如今，维米尔在法国的声名比在其他任何地方都要高。

　　识别出"一小块黄墙"的位置，已成为维米尔和普鲁斯特研究者们共同的"家庭产业"。流传较广的几种说法是：画作中间偏右的部分，几块黄色的区域和倾斜的屋顶（第258页右图）；最突出和颜色最黄的这些区域（本页上图）；鹿特丹门左边的屋顶（第258页左图）；就像贝戈特这个人物是虚构的一样，"一小块黄墙"是几个相关特征的组合。我必须承认，没有普鲁斯特，我不会把以上这些细节写进《细节中的维米尔》。不过，因为普鲁斯特，也许这个虚构小说中的细节会比本书中的其他细节更为出名。

《代尔夫特风景》（作品目录 13）

《厨妇》的最早收藏者也拥有维米尔的其他画作，那些画中的墙壁上都饰有绘画。相形之下，他们一定把《厨妇》中什么都没挂的钉子当成一个笑话。它是维米尔作品中一处光线位置不正确的细节。厨房的窗户在钉子的左下方，但根据钉子的影子判断，光源应在一个更高更远的地方。

　　这处细节揭示了一个关于古老艺术的普遍真理。画面中的很多东西并不是维米尔画上去的。他没有画出我们随处可见的细线网。那是一些老化的裂纹，是力学和气候压力对画作图层和下方画布共同作用的结果，不同的压力产生了截然不同的反应。这影响了人们对画作的印象，而画家对此只有大致的预期。

　　画作表面的其他特征可能也是被弄脏的，或者是后来修复的结果。我们最好记住，任何老画呈现出来的样貌，都是几个世纪以来修复者决策的结果，尤其是近代的修复者与决定修画的策展人或收藏家磋商后的结果。

　　在这处精妙的细节中，我们所谓的"神来之笔"，其实是约翰内斯·维米尔、"时间老人"、一代接一代的修复者和收藏家通力协作的结果。

《厨妇》（作品目录 8）

　　琴盖上绘有风景画的小键琴，侧面也有精美的装饰。这是大理石纹加工技术，即在纸或木头上仿制平滑石头（如大理石）上的纹路。

　　如果说维米尔的画中有令人想起远东绘画的细节，那就是此处。乔纳森·詹森写道："用来描绘纹理的'湿破干'（wet-over-dry）画法让人想起伊藤若冲花鸟画中的自然天性。"历史上的某次巧合，令这一评论极富魅力。这幅画于1867年在巴黎的拍卖会上被维米尔最大的拥趸泰奥菲勒·托雷·比尔热买下。同年，第一次在欧洲举办的日本艺术展亮相巴黎世界博览会，吸引了超过一千万的观众。那次展览很可能就囊括了伊藤若冲（Ito Jakuchu, 1716—1800 年）的作品。托雷·比尔热也会愉快地发现，他收藏的维米尔之作与新走红的日本版画之间具有很大的相似性。

《坐在小键琴旁的年轻女子》（作品目录 35）

　　当欣赏《坐在小键琴旁的年轻女子》时，我们会聚焦于那些大理石纹，这时应当觉察到，维米尔在《小街》中描绘那些粗糙的砖墙时，也做了同样的努力。这座陋室外失修的墙面，可以看作代尔夫特物质世界的另一端，它与大理石纹异曲同工，诠释了维米尔追求的细致效果。

　　他先把整块区域涂成赭红色，再用红色茜草染料和棕土色染料细细点染，造成一种不均匀的或表面剥落的效果。只有等这些都干透了，才加入一些笔触来勾勒砖块的形状，再混合不同的红色颜料细化砖块表面的色彩差异。这一阶段，抹在砖块缝隙处或溢出表面的灰色砂浆也使用"干破湿"（dry-on-wet）画法完成。维米尔呈现的砌墙的效果与同时期的风俗画家如扬·范·德·海登[18]、杰里特·贝克海德[19]画中的砖墙有天壤之别。那些画家遵循着砌砖的规则，而维米尔则更注重视觉经验。

《小街》（作品目录 12）

　　《小街》中的天空可能是多云的，但可以看出，这些云朵是天气尚佳时的积云。一般来说，大多数荷兰的风景画家和城景画家都喜欢描绘好天气，维米尔也不例外。虽然荷兰的实际情况是一年中有185天都在下雨，但描绘雨景与描绘严寒一样，在风景画中算是冷门，只有少数几位画家喜欢这么干。

　　与之相对的是，画家们也同样不愿意画万里无云的天空。虽然并不常见，但当风从东陆吹来，无云的大晴天也确实存在。我们也许能就此推测，空荡荡的蓝天并不符合画家们的构图需要。

《小街》（作品目录 12）

　　斯希河（Schie River）的河水占据了《代尔夫特风景》的中间部分，看起来画家这样做是经过精心构思的。我们已经提到过，远处建筑的倒影显然要比真实情况放大了许多。画家们一眼就能看穿这一点。杰拉德·德·莱雷西这样说道："水中倒影的长度和宽度应该受到关注，因为其处于水平线之下，所以它们会因透视而缩小。"但维米尔在《代尔夫特风景》中却反其道而行之。

　　关于这些倒影，X 光揭示出有趣的另一面。起初维米尔用锐利的笔触来描画倒影，于是这些建筑物的轮廓和构造在水中清晰可见。在第二次试例中，也就是我们现在所见的，他选择营造朦胧不清、波动起伏的倒影效果。可以说，第一种画法画的是一个无风的早晨，而上图的景象是微风吹起的时候。但驱使画家作出决定的，与其说是实际的情景，不如说是他内心想要呈现的画面效果。作为维米尔后辈中的一位代表，我赞同他的选择。

《代尔夫特风景》（作品目录 13）

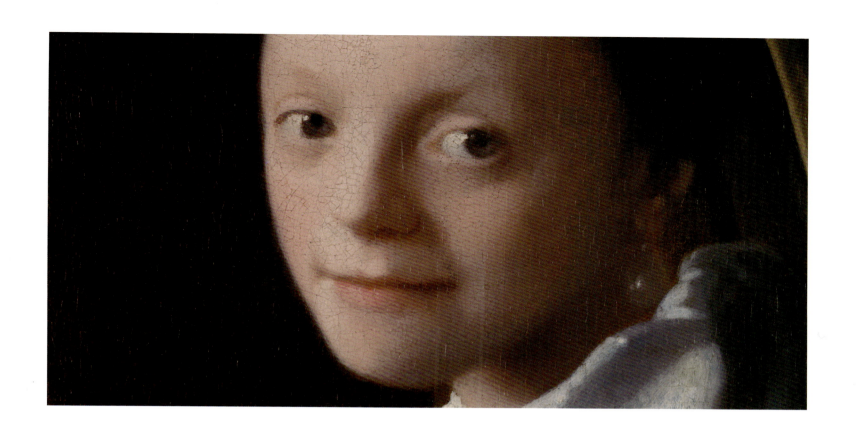

　　普鲁斯特那一小块黄色墙面也许能避开人们的精确定位。另一处维米尔的细腻笔触，一旦看过就不会弄错。那是一抹小小的白色高光，它令大都会艺术博物馆里那位年轻女孩的眼睛生气勃勃，也让莫里茨皇家美术馆中女孩的朱唇栩栩如生。

　　你必须看看它们，毕竟在很长一段时间里，《戴珍珠耳环的少女》并不是那样的。莫里茨皇家美术馆称，女孩嘴角的白点曾被盖住了，直到最近一次修复后才重现在大家眼前。当我们欣赏古老的艺术作品时，有时并不知道自己可能错过了什么。

《年轻女子的肖像》（作品目录 24）
第 268 页，《戴珍珠耳环的少女》（作品目录 23）

杰拉德·德·莱雷西以无可辩驳的断言开始了他关于映像的章节："这是画作最吸引人的魅力之一，它全方位地展现了画家的精湛技艺。"此后的大多数论述都涉及物体及其映像间光线和色彩的差异。在这一点上，维米尔不需要指导。

关于映像的准确性，他可能得益于一个善意的评论家给出的建议，尽管我们并不确定他是否真的采纳了。X 光显示，《窗前读信的少女》（作品目录 6）在绘制过程中，女子的身姿由四分之一侧像改为侧影，位置也稍稍提高了一点。然而，此时维米尔已经画完了对应原始位置的映像，并没有再作修改。

王室收藏的《音乐课》（作品目录 16）中弹小键琴女子的头部，同样展现了映像的偏离。女子直视前方，但在映像中她的头明显朝向右侧。在对《代尔夫特风景》（作品目录 13）的讨论中，我们注意到，了解实际情况的当地人并没有明确反对维米尔在比例上对建筑及其所处位置的处理。"反映真实生活"是个"能屈能伸"的概念。

维米尔将我们的注意力引到画作中的细节和微妙之处，并略施奖赏。《音乐课》的镜像是最佳的例子之一。维米尔不仅描绘出镜中女人的面部、胸部及其身后的桌子和瓷砖地面，也展现出我们无法在画面空间中看到的细节。我们在镜子顶部看到了凳腿，这个凳子跟《绘画的寓言》（作品目录 25）中画家坐着的斜腿凳是同一种。这一有趣的做法将绘画者带入到场景中。在某些解读中，《音乐课》被认为是与"绘画的寓言"对应的一种音乐的寓言，以上的细节或许为这种观点提供了些许支持。

不过，绘画者真的被带入场景中了吗？假如他正在进行绘画创作，我们至少应该从镜子里看到他的一只脚，不论他是不是穿着白袜子，裹着红绑腿。如果绘画者正喝着咖啡在休息，画面又是如何产生的呢？维米尔给我们的小小奖赏，原来是另一个谜题。这个谜题隐藏了他的真实意图，更确切地说，揭示了其画作的暧昧不明性。

《音乐课》（作品目录 16）

"缝纫、修补、编结、插枝、贴花、烹饪，诸如此类的活动，男人们也做；但在历史上，它们是分配给女人们的。"在这些活动中，我们显然还可以加上花边制作。1977 年，女权主义艺术家梅丽莎·梅耶（Melissa Meyer）和米里亚姆·沙皮罗（Miriam Schapiro）写下了这番话，并且还为这些活动创造了一个词："女工"（femmage）。三百年前，荷兰画家们用他们的作品令上述的女性活动主题化，经久不衰。维米尔除了画这些，还给妇女们分配了一些别的活动：演奏弦乐器、弹奏小键琴、写信和读信，以及在下午喝葡萄酒。

　　梅丽莎·梅耶对自身艺术的论述，恰恰也适用于维米尔："我的工作要取得成功，就应该关注现实。但是现实中不准确的、没把握的、神秘难解的那部分，也许令人焦虑，且处于一种转化状态之中，它可能会成为涉及情感的艺术。"这些话让我们意识到，在维米尔笔下，令人产生情感体验的主要是那些悠闲的、带有不确定性的女子。而正在从事"女工"劳作的女性需要集中精力完成手中的活儿，她们的情感已被抛至一边。

　　《小街》中的那个白衣女人正在处理一块白布，她的任务看起来很简单；与正在用各色布料通过繁杂工序制作花边的女工（见《织花边的少女》，作品目录 30）相比，她的形象显得质朴安宁。

《小街》（作品目录 12）

这是一段实实在在的文字，既表达字面的意思，也带有象征性，并且结合了我们在前文中已经提到的诸多主题，有些可能重合。与《睡着的女仆》（作品目录 5）中通道的几何化类似，这处细节也正是线性构图的一次小小示范。纯属巧合的是，女人衣装的颜色类似荷兰国旗的红、白、蓝（好吧，是蓝灰色的）三色。《小街》是否就是"荷兰属性"（Dutchness）的一个缩影呢？

这个女人的打扮，显然没有之前在"衣袖、袖筒、皮衣、面料和褶皱"一章中谈过的那些花哨的袖子或其他隆重的装束，她的主要特色也不是"融入艺术的艺术"。无须多言，很明显，她被要求进行测量和称重的工作。为了工作，她充分调动感官，在这里她使用触觉。她是画中那些扫帚、桶等一切家什的女主人。与维米尔画作中的任何人都不同，她把室内和室外的世界连接了起来。

在这最后一处细节中，为了捕捉女人的平实，维米尔控制了自己纷繁华丽的技巧。在其他地方，他使出浑身解数，展示出强大的统治力。在此处，他却恪守准则，就像歌德在 1802 年说的那样："那是一位大师的杰作。"他用极大的自制力，表现出自身最强的实力。

《小街》（作品目录 12）

译者注

[1]卡尔·法布里蒂乌斯（Carel Fabritius，1622—1654年）：伦勃朗最优秀的学生之一，注重对绘画技法和复杂透视关系的研究，擅长以冷色调衬托出色彩明亮的物象，发展出了与前辈大师不同的独特风格。

[2]莱奥纳特·布拉梅尔（Leonaert Bramer，1596—1674年）：代尔夫特本地画家，擅长风俗画、宗教画和历史画，其对光线的把控能力以及对夜景的描绘尤为出众。据文献记载，同为天主教徒的布拉梅尔与维米尔的岳母玛丽亚相识。

[3]彼得·德·霍赫（Pieter de Hooch，1629—1684年）：荷兰画家，主要活动于鹿特丹、代尔夫特和阿姆斯特丹，擅长描绘宁静的室内家庭生活，多件作品在构图和光线处理方面都与维米尔有相似之处。

[4]霍莉·戈莱特利（Holly Golightly）：美国作家杜鲁门·卡波特的小说《蒂凡尼的早餐》中的人物，是漂亮风流、追名逐利的女性代表。

[5]朱诺（Juno）是罗马神话中的天后，主神朱庇特的妻子，也是婚姻和母性之神；维纳斯（Venuses）是罗马神话中爱和美的女神，漂亮迷人。此处倒牛奶的女仆更接近具有母性的朱诺形象，而不是维米尔笔下其他漂亮迷人的女性形象。

[6]原文中此处与下一段均为 virginal（小键琴）一词，但依图像来看，该带有风景画装饰的乐器应当为大键琴。

[7]古希腊神话中，美少年那喀索斯在水中看到自己的倒影，不知就是他自己，爱慕不已，最后投水求欢，溺水而亡。他倒下之处，长出了一朵朵黄色的水仙花。故那喀索斯（Narcissus）一词与水仙花及黄色相联系。

[8]路德维希·戈德沙伊德（Ludwig Goldscheider，1896—1973年）：奥地利－英国出版商、艺术史家、诗人，著名的费顿出版社（Phaidon Press）创建者之一。

[9]下日耳曼尼亚（Germania Inferior）：莱茵河入海口到摩泽尔河入海口之间的低地平原，包括今天的荷兰南部地区、卢森堡和比利时的大部分地区，以及德国的北莱茵－威斯特法伦州在莱茵河以西的部分。

[10] 威廉·惠威尔（Willian Whewell，1794—1866 年）：英国科学家、哲学家、神学家和科学史家，以研究领域广、知识渊博而闻名。他为学界贡献了"科学家""物理学家""语言学"等许多术语。

[11] 这句话引自吉卜林诗歌《女士们》。上校夫人代表上流社会的妇女，朱迪·奥格雷迪代表下层阶级的妇女。从身体构造上来说，她们完全一样。

[12] 扬·斯蒂恩（Jan Steen，1625/1626—1679 年）：荷兰著名风俗画家，其作品以丰富的色彩以及富有幽默感而闻名。

[13] 康内里斯·贝哈（Cornelis Bega，1631/1632—1664 年）：荷兰哈勒姆（Haarlem）的画家、雕塑家，擅长绘制风俗画，多描绘农民的室内生活。

[14] 威廉·范·米利斯（Willem van Mieris，1662—1747 年）：主要生活、工作于莱顿的画家、雕塑家，除风俗画外，还擅长肖像画、风景画。其作品往往尺幅较小，但注重对细节的描绘。

[15] 阿卡迪亚（arcadian）：原是古希腊地名，后被诗人塑造成一个充满诗意的地方，那里有原始的自然风光，人与自然和谐相处，生活宁静而美好，是理想中的世外桃源。

[16] 勒默尔·菲舍尔（Roemer Visscher，1547—1620 年）：荷兰商人、作家，生活于阿姆斯特丹。

[17] "作者之死"（the Death of the Author）：法国思想家罗兰·巴特于 1967 年撰写的一篇文章。该文章反对在解释文本意义及内涵时从作者的角度出发，结合作者的社会身份、生活环境来揣摩作者的意图；而是认为文本的价值来自社会文化，并非创作者的个人经验，因而其本质含义取决于读者的观点。

[18] 扬·范·德·海登（Jan van der Heyden，1637—1712 年）：阿姆斯特丹画家、玻璃画家、版画家，同时也是工程师和发明家，擅长描绘静物和建筑物，是荷兰黄金时代最重要的建筑物画家之一。

[19] 杰里特·贝克海德（Gerrit Berckheyde，1638—1698 年）：活跃于荷兰多地的艺术家，擅长描绘以建筑物为主的城市景观。

参考文献

Dries van den Akker, S.J. and Paul Begheyn, S.J., *Johannes Vermeer en de jezuïeten in Delft*, Privately published, 2016

Daniel Arasse, *Vermeer: Faith in Painting*, Princeton Princeton University Press 1993

Ronni Baer, exhib. cat. *Class Distinctions: Dutch Painting in the Age of Rembrandt and Vermeer*, with essays by Henk van Nierop, Herman Roodenburg, Eric Jan Sluijter, Marieke de Winkel and Sanny de Zoete, Boston Museum of Fine Arts 2015

Anthony Bailey, *A View of Delft: Vermeer Then and Now*, London Chatto and Windus 2001

Klaas van Berkel, Jørgen Wadum and Kees Zandvliet, with contributions by Rudi Ekkart, exhib. cat. *The Scholarly World of Vermeer*, The Hague Museum van het Boek and Zwolle Waanders 1996

Albert Blankert, *Selected Writings on Dutch Painting: Rembrandt, Van Beke, Vermeer and Others*, Zwolle Waanders 2004

Timothy Brook, *Vermeer's Hat: the Seventeenth Century and the Dawn of the Global World*, London Profile Books 2009

Ben Broos, *Liefde, list en lijden: historiestukken in het Mauritshuis*, The Hague Mauritshuis and Ghent Snoeck-Ducaju 1993: entry on Vermeer by Marjolein de Boer

Wayne Franits, ed., *The Cambridge Companion to Vermeer*, Cambridge, UK Cambridge University Press 2001, with eleven essays.

Wayne Franits, *Vermeer*, London Phaidon Press 2015

Ivan Gaskell, *Vermeer's Wager: Speculations on Art History, Theory, and Art Museums* Essays in Art and Culture, London Reaktion Books 2000

Ivan Gaskell and Michiel Jonker, eds., *Vermeer Studies* vol. 55 in the series Studies in the History of Art; Symposium Papers XXXIII of the Center for Advanced Study in the Visual Arts, Washington National Gallery of Art, distributed by Yale University Press, New Haven and London 1998, with twenty-three essays.

Sabine Haag, Elke Oberthale and Sabine Pénot, eds., exhib. cat. *Vermeer, Die Malkunst: Spurensicherung an einem Meisterwerk = Vermeer, The Art of Painting: Scrutiny of a Picture*, Vienna Kunsthistorisches Museum and [St. Pölten] Residenz Verlag 2010

Christiane Hertel, *Vermeer: Reception and Interpretation*, Cambridge and New York Cambridge University Press 1996

Jonathan Janson, *Looking Over Vermeer's Shoulder: Seventeenth-Century Dutch Fine Painting Techniques and Studio Practices, with Particular Focus on the Work of Johannes Vermeer*, Internet edition available at essentialvermeer.com

Exhib. cat. *Johannes Vermeer*, The Hague Mauritshuis, Washington National Gallery of Art and Zwolle Waanders 1995, with essays by Arthur K. Wheelock, Jr., Albert Blankert, Ben Broos and Jørgen Wadum

Eddy de Jongh, "Pearls of Virtue and Pearls of Vice," *Simiolus: Netherlands Quarterly for the History of Art* 8 1975-76, pp. 69-97

Walter Liedtke, *A View of Delft: Vermeer and his Contemporaries*, New Haven and London Yale University Press 2000

Walter Liedtke, exhib. cat. *Vermeer and the Delft School*, New York Metropolitan Museum of Art 2001

Walter Liedtke, *Vermeer: The Complete Paintings*, Antwerp Ludion 2011

Marilyn Chandler McEntyre, *In Quiet Light: Poems on Vermeer's Women*, Grand Rapids, MI / Cambridge, UK William B. Eerdmans Publishing Company 2000

John Michael Montias, *Vermeer and his Milieu: a Web of Social History*, Princeton Princeton University Press 1989

Uta Neidhardt and Marlies Giebe, *Johannes Vermeer, Bei der Kupplerin*, Dresden Michel Sandstein Verlag 2004

Derek Philips, *Well-being in Amsterdam's Golden Age*, Amsterdam Pallas Publications 2008

Herbert Read, "The Serene Art of Vermeer," *Salmagundi* 44/45, *Vermeer* spring-summer 1979, pp. 63-70

Karl Schütz, *Vermeer: the Complete Works*, Cologne Taschen 2015

Gary Schwartz, 'Here's not looking at you, kid: some literary uses of Vermeer', *Art in America*, March 2001, pp. 104-07, 143

Gary Schwartz, 'How Vermeer and his Generation Stole the Thunder of the Golden Age', 32nd Uhlenbeck Lecture at the Netherlands Institute for Advanced Study in the Humanities and Social Sciences, online at www.nias.knaw.nl/Publications/Uhlenbeck Lecture/32_Gary Schwartz

Philip Steadman, *Vermeer's Camera: Uncovering the Truth behind the Masterpieces*, Oxford Oxford University Press 2001

Mariët Westermann, exhib. cat. *Art & Home: Dutch Interiors in the Age of Rembrandt*, with essays by C. Willemijn Fock, Eric Jan Sluijter and H. Perry Chapman, Denver Denver Art Museum, Newark The Newark Museum and Zwolle Waanders Publishers 2001

Arthur K. Wheelock, Jr., *Vermeer & the Art of Painting*, New Haven and London Yale University Press 1995

Marjorie E. Wieseman, *Vermeer's Women: Secrets and Silence*, with contributions by H. Perry Chapman and Wayne E. Franits, Cambridge, UK Fitzwilliam Museum 2011

Onno Ydema, *Carpets and their Datings in Netherlandish Paintings, 1540-1700*, Zutphen Walburg Pers 1991

Paul Zumthor, *Daily Life in Rembrandt's Holland*, London Weidenfeld and Nicolson 1962

Websites

For an extensive bibliography that includes the individual essays in several of the books and catalogues above, see essentialvermeer.com/books/bibliography.html

Philip Steadman, Vermeer's camera: www.vermeerscamera.co.uk

Jonathan Janson, Essential Vermeer: www.essentialvermeer.com

Kees Kaldenbach, Johannes Vermeer and 17th century life in Delft: kalden.home.xs4all.nl

Web Gallery of Art, Vermeer: www.wga.hu

Google Arts & Culture: www.google.com/culturalinstitute

RKD Images: www.rkd.nl

WikiDelft: www.wikidelft.nl

图片来源

已尽一切努力联系图片的版权所有者。未能联系到的或不正确的版权所有者，请联系出版方。

图书在版编目（CIP）数据

细节中的维米尔 ／（美）加里·施瓦茨著；毛茸茸
译 . —石家庄：河北教育出版社，2021.7
（细节中的艺术家）
书名原文：Vermeer in Detail
ISBN 978-7-5545-6336-6

I.①细… II.①加… ②毛… III.①维米尔（
Johannes Vermeer 1632-1675）- 传记 IV.
① K835.635.72

中国版本图书馆 CIP 数据核字（2021）第 045610 号

本书中文简体版专有出版权经由中华版权代理总公司授予北京凤凰壹力文化发展有限公司。

著作权合同登记号 图字：03-2020-209 号

书　　名　细节中的维米尔
著　　者　〔美〕加里·施瓦茨
译　　者　毛茸茸
出 版 人　董素山
总 策 划　贺鹏飞　张　辉
策　　划　游　　
责任编辑　张　静　易　纲
特约编辑　郭小扬
装帧设计　鹏飞艺术

出　　版　河北出版传媒集团
　　　　　河北教育出版社 http://www.hbep.com
　　　　　（石家庄市联盟路 705，050061）
印　　制　济南新先锋彩印有限公司
开　　本　787mm×1092mm　1/12
印　　张　23⅓
字　　数　195 千字
版　　次　2021 年 7 月第 1 版
印　　次　2021 年 7 月第 1 次印刷
书　　号　ISBN 978-7-5545-6336-6
定　　价　258.00 元